KUZHINA ME BARISHTE TË FRESKËTA

100 RECETA ME SHIJE DHE KËSHILLA PËR TË
GATUAR ME BARISHTE TË FRESKËTA

Vera Toska

Të gjitha të drejtat e rezervuara.

Mohim përgjegjësie

Informacioni i përmbajtur në këtë eBook ka për qëllim të shërbejë si një koleksion gjithëpërfshirës i strategjive për të cilat autori i këtij libri elektronik ka bërë kërkime. Përmbledhjet, strategjitë, këshillat dhe truket janë vetëm rekomandime nga autori dhe leximi i këtij libri elektronik nuk do të garantojë që rezultatet e dikujt do të pasqyrojnë saktësisht rezultatet e autorit. Autori i librit elektronik ka bërë çdo përpjekje të arsyeshme për të ofruar informacion aktual dhe të saktë për lexuesit e librit elektronik. Autori dhe bashkëpunëtorët e tij nuk do të mbajnë përgjegjësi për ndonjë gabim ose lëshim të paqëllimshëm që mund të gjendet. Materiali në eBook mund të përfshijë informacione nga palë të treta. Materialet e palëve të treta përfshijnë mendime të shprehura nga pronarët e tyre. Si i tillë, autori i librit elektronik nuk merr përsipër përgjegjësi ose përgjegjësi për ndonjë material ose opinion të palëve të treta. Qoftë për shkak të përparimit të internetit, ose për shkak të ndryshimeve të paparashikuara në politikën e kompanisë dhe udhëzimet e paraqitjes editoriale, ajo që deklarohet si fakt në kohën e këtij shkrimi mund të bëhet e vjetëruar ose e pazbatueshme më vonë.

Libri elektronik është me të drejtë autori © 2024 me të gjitha të drejtat e rezervuara. Është e paligjshme rishpërndarja, kopjimi ose krijimi i veprës së derivuar nga ky eBook tërësisht ose pjesërisht. Asnjë pjesë e këtij raporti nuk mund të riprodhohet ose ritransmetohet në çfarëdo forme pa lejen e shprehur me shkrim dhe të nënshkruar nga autori.

TABELA E PËRMBAJTJES

TABELA E PËRMBAJTJES...3
HYRJE..7
PËRZIERJE BIMORE...9
    1. Përzierje pa kripë...10
    2. Erëza italiane...12
    3. Përzierje e kopshtit..14
    4. Bimët e shpendëve..16
    5. Barishte Peshku...18
    6. Fërkim pule pikante...20
    7. Përzierje erëzash me byrek me kungull................................22
    8. Shaker erëzash për mëngjes...24
    9. Pluhur kerri...26
    10. Fajita Blend..28
    11. Erëza me ushqim deti...30
    12. Buqetë me pulë..32
    13. Buqetë me mish viçi...34
    14. Buqetë Peshku..36
LËNGJET DHE SMOOTHIES BIMORE......................................38
    15. Smoothie me luleshtrydhe dhe makadamia........................39
    16. Smoothie me kokrra goji dhe arra pishe.............................41
    17. Smoothie përforcuese me rrush pa fara të zezë...................43
    18. Smoothie me vishnje dhe kakao të papërpunuar.................45
    19. Smoothie me bajame dhe trëndafil....................................47
    20. Smoothie me fëstëkë dhe avokado....................................49
    21. Smoothie maka dhe mango...52
    22. Smoothie me kumbulla dhe kopër.....................................54
    23. Smoothie me kokrra të kuqe..56
    24. Kënaqësia e endacakëve të fillimit të vjeshtës.....................58
    25. Lëng zarzavate të kopshtit...60

26. PIPER I KUQ DHE LËNGU I FARAVE TË MBIRË.. 62
27. LËNG XHENXHEFILI DHE KOPËR.. 64
28. LËNGU I FILIZAVE TË KOPRËS DHE BROKOLIT... 66
29. ZARZAVATET E HIKËRRORIT DHE LËNGU I FIDANEVE TË BIZELEVE............... 68
30. LËNG SALSA DOMATE.. 70
31. LËNG NGA GJETHET E ANGJINARES DHE KOPËR... 72
32. ZARZAVATET E LULEDIELLIT DHE LËNGU I BARIT TË GRURIT........................ 74

CAJET BIMORE..76

33. BALSAM LIMONI DHE ÇAJ TRËNDAFILI.. 77
34. ÇAJ JASEMINI DHE LIMONI.. 79
35. ÇAJ GOJI BERRY DHE DAMIANA.. 81
36. ÇAJ TRËNDAFILI DHE BORONICË.. 83
37. ÇAJ KRIZANTEMË DHE LULE PLAKU.. 85
38. ÇAJ KAMOMIL DHE KOPËR.. 87
39. ÇAJI ME LULERADHIQE DHE RODHE... 89
40. ÇAJ YARDHE DHE KALENDULË... 91
41. ÇAJ ME KAFKË DHE LULE PORTOKALLI.. 93
42. ÇAJ ME MANAFERRA DHE LULESHTRYDHE TË EGRA...................................... 95
43. INFUZION I MENTES DHE KALENDULËS... 97
44. ÇAJ ME LULE MURRIZ DHE LIVANDO.. 99
45. ÇAJ ME HITHËR DHE KLERIK.. 101
46. ÇAJ LËPUSHKË DHE MARSHMALLOW.. 103
47. ÇAJ BISHT KALI DHE MISRI.. 105
48. ÇAJ BIMOR I FTOHTË ME FRUTA... 107
49. ÇAJ BIMOR ME MJEDËR... 111
50. ÇAJ KARDAMOM... 113
51. ÇAJI SASSAFRAS.. 115
52. ÇAJ MORINGA.. 117
53. ÇAJI I SHEREBELËS... 119

KORDIALET DHE SHURUPET.. 121

54. MANAFERRA DHE GËLQERE TË PËRZEMËRTA.. 122
55. ELDERBERRY DHE PLAKA E PËRZEMËRT... 124
56. MJALTË E ËMBËL VJOLLCE DHE XHENXHEFIL... 127
57. PURE ME BALSAM LIMONI DHE MJALTË... 130

58. Shurup trëndafili..132
59. Shurup lëpushkë dhe anise...134
60. Shurup nga petalet e trëndafilit...136
61. Shurup vishnje..138
62. Echinacea dhe shurup trumze..140

TINKTURA BIMORE...**143**

63. Tinkturë mente dhe trumzë..144
64. Tinkturë e elderberry dhe jamball...146
65. Tinkturë e luleve të gëlqeres dhe kokrra të murrizit...........................149
66. Tinkturë me lule pasioni dhe kamomil..152
67. Tinkturë e manave të dëlira dhe dang gui..155
68. Tinkturë Goji Berry dhe xhensen siberian...158
69. Tinkturë e tërfilit të kuq dhe klerikëve..161
70. Tinkturë mbrojtëse e dimrit të Echinacea dhe elderberry..................164
71. Tinkturë me luleradhiqe dhe rodhe...167
72. Tinkturë e barkut dhe valerianës...170
73. Tinkturë e kohoshit të zi dhe sherebelës..173
74. Tinkturë e gjetheve të thuprës dhe rrënjës së hithrës.......................176

USHQIMET BIMORE..**179**

75. Pulë bimore e thërrmuar..180
76. Krem pule me barishte...183
77. Gjel deti me glazurë me kajsi Dijon..185
78. Pulë dhe oriz me salcë barishtore...188
79. Pulë në krem dhe barishte...190
80. Madira pule në biskota..193
81. Supë pule me barishte...195
82. Pulë me verë dhe barishte...198
83. Ravioli bimor...200
84. Linguine me barishte të përziera...203
85. Farfalle me salcë barishte..206
86. Petë me vezë me hudhër...208
87. Cappellini me spinaq barishte...210
88. Oriz bimor malajzian..213
89. Flokë engjëlli me salmon të tymosur..216

90. Merluci me barishte...219

91. Salmon i zier në të ftohtë..222

92. Fileto barishte të koprës...225

93. Peshk dhe barishte të pjekura krokante.........................227

94. Fettuccine me karkaleca...229

95. Midhje me hudhër...231

96. Peshku Karaibe me verë...234

97. Peshk murg me barishte hudhër......................................237

98. Kotoleta derri me barishte..239

99. Suxhuk bimor i manastirit..242

100. Fileto qengji me barishte..244

PËRFUNDIM..**247**

HYRJE

Nuk ka asnjë rregull të përgjithshëm se sa barishte duhet përdorur. Shumica e recetave specifikojnë një sasi në listën e përbërësve. Nëse nuk keni një recetë për të ndjekur, filloni me $\frac{1}{4}$ lugë çaji dhe shtoni më shumë sipas nevojës për të arritur shijen tuaj ideale. Ju nuk dëshironi që barishtet të mposhtin shijet e tjera në gjellë.

Bimët e thata janë më të forta se barishtet e freskëta, kështu që do t'ju duhet të përdorni më shumë barishte të freskëta. Nëse receta kërkon 1 lugë çaji barishte të thata, të grimcuara ose $\frac{1}{4}$ lugë çaji barishte pluhur, përdorni 3 lugë çaji (1 lugë gjelle) të freskëta. Përzierjet e mëposhtme të bimëve të thata janë të shkëlqyera për t'u provuar me çdo pjatë. Mos harroni të rregulloni sasinë kur përdorni barishte të freskëta.

Bimët e zakonshme

A. **Borziloku-** Produktet e domates (lëng, salcat e makaronave, salca e picës), vezët, mishi i gjahut, qengji, viçi, oriz, spageti, vinaigrette, supa (minestrone, bizele, patate dhe perime), fasule, patëllxhan

B. **Trumzë-** Vezë, mish gjahu, qengji, viçi, oriz, shpendë, salcë barbeque, peshk, goca deti, supë, supa (qepë, domate dhe perime), kërpudha, domate

C. **Rozmarina** – Dumplings, vezë, mish gjahu, qengji, viçi, shpezë, peshk, salcë barbeque, mish pule, viçi, supa (bizele dhe perime), fasule, kërpudha, patate, lulelakër, rrepë

D. **Rigoni** - Enët me domate, viçi, mish gjahu, viçi, spageti, molusqe, supa (fasule, minestrone dhe domate), fasule, patëllxhan dhe kërpudha

E. **Kopër** -Gatimet me domate, bukë me tharmi, vezë, sallate lakër, sallatë me patate, peshk, fasule, lakra brukseli, lulelakër, kastravec, kungull veror

F. **Majdanoz-** Sallata, perime, makarona

G. **Sherebelë-** Gjizë, mish gjahu, mish derri, oriz, shpendë, supa (pule, minestrone dhe perime), mbushje

H. **Cilantro-** Gatim meksikan dhe aziatik, oriz, salsa, domate

I. **Nenexhik-** Ëmbëlsirë, mish qengji, bizele, sallata frutash, salca

PËRZIERJE BIMORE

1. Përzierje pa kripë

bën rreth ⅓ filxhan

Përbërësit

- 1 lugë gjelle pluhur mustardë
- 2 lugë çaji majdanoz
- 2 lugë çaji pluhur qepë
- 2 lugë çaji trumzë
- 1 lugë hudhër pluhur
- 2 lugë çaji barërat e këqija të koprës
- 2 lugë çaji të kripura
- 2 lugë çaji paprika
- 2 lugë çaji lëvore limoni

Drejtimet

a) Përziejini dhe ruani në një enë hermetike.

b) Kur të jetë gati për t'u përdorur, përzieni një sasi të vogël me ujë për të formuar një pastë.

2. Erëza italiane

bën rreth 1½ filxhan

Përbërësit

- ½ filxhan rigon të tharë
- ½ filxhan borzilok të tharë
- ½ filxhan rozmarinë të tharë
- ¼ filxhan majdanoz të thatë
- ½ filxhan trumzë të thatë
- 1 lugë gjelle fara kopër, të grimcuara
- ¼ filxhan borzilok të tharë
- 2 lugë sherebelë të thatë
- ¼ filxhan rigon të tharë
- 1 lugë gjelle me thekon piper të kuq djegës
- ¼ filxhan shije të thatë

Drejtimet

a) Përziejini dhe ruani në një enë hermetike.

b) Kur të jetë gati për t'u përdorur, përzieni një sasi të vogël me ujë për të formuar një pastë.

3. Përzierje e kopshtit

bën rreth 1¼ filxhan

Përbërësit

- 2 lugë gjelle gjethe të thata livando
- 2 lugë fara ose kërcell të tharë kopër
- 3 lugë majdanoz të thatë
- 3 lugë borzilok të thatë
- 3 lugë trumzë të thatë
- 3 lugë borzilok të thatë
- 3 lugë rozmarinë të thatë
- 3 lugë qiqra të thata
- 3 lugë paprika
- ½ lugë çaji pluhur hudhër

Drejtimet

a) Përziejini dhe ruani në një enë hermetike.

b) Kur të jetë gati për t'u përdorur, përzieni një sasi të vogël me ujë për të formuar një pastë.

4. Bimët e shpendëve

bën rreth ⅓ filxhan

Përbërësit

- 2 lugë tarragon të thatë
- 1 lugë gjelle borzilok të tharë
- 1 lugë gjelle borzilok të thatë
- 1 lugë rozmarinë e tharë
- 1 lugë çaji paprika
- 1 lugë çaji lozhë e thatë

Drejtimet

a) Përziejini dhe ruani në një enë hermetike.

b) Kur të jetë gati për t'u përdorur, përzieni një sasi të vogël me ujë për të formuar një pastë.

5. Barishte Peshku

bën rreth ½ filxhan

Përbërësit

- 3 lugë gjelle barërat e këqija të koprës
- 2 lugë borzilok të thatë
- 1 lugë gjelle tarragon e tharë
- 1 lugë gjelle trumzë limoni të thatë
- 1 lugë majdanoz të thatë
- 1 lugë gjelle e thatë
- 1 lugë gjelle qiqra të thata

Drejtimet

a) Përziejini dhe ruani në një enë hermetike.

b) Kur të jetë gati për t'u përdorur, përzieni një sasi të vogël me ujë për të formuar një pastë.

6. Fërkim pule pikante

Përbërësit

- 2 lugë çaji pluhur djegës
- 1 lugë çaji rigon i bluar
- 1 lugë çaji gjethe cilantro, të thara dhe të thërrmuara
- 1/2 deri në 1 lugë çaji piper kajen
- 1 lugë çaji hudhër pluhur
- 1/2 lugë çaji piper i zi i sapo bluar
- 1/2 lugë çaji xhenxhefil të bluar
- 1/2 lugë çaji qimnon i bluar

Drejtimet

c) Përziejini dhe ruani në një enë hermetike.

d) Kur të jetë gati për t'u përdorur, përzieni një sasi të vogël me ujë për të formuar një pastë.

7. Përzierje erëzash me byrek me kungull

Përbërësit

- 1/3 filxhan kanellë
- 1 lugë gjelle xhenxhefil të bluar
- 1 lugë arrëmyshk ose topuz
- 1 1/2 lugë çaji karafil të bluar
- 1 1/2 lugë çaji me aromë

Drejtimet

a) Përziejini dhe ruani në një enë hermetike.

b) Shtoni 1 deri në 11/2 lugë çaji nga kjo përzierje në mbushjen e byrekut me kunguj.

8. Shaker erëzash për mëngjes

Përbërësit

- 1 filxhan sheqer
- 3 lugë kanellë
- 1 lugë çaji arrëmyshk ose topuz
- 1 lugë çaji kardamom

Drejtimet

a) Përziejini dhe ruani në një enë hermetike.

b) Spërkateni mbi petulla, bukë të thekur ose tërshërë.

9. Pluhur kerri

Përbërësit

- 4 lugë gjelle koriandër të bluar
- 3 lugë shafran i Indisë së bluar
- 2 lugë qimnon të bluar
- 1 lugë gjelle piper i zi i sapo bluar
- 1 lugë gjelle xhenxhefil të bluar
- 1 lugë çaji fara kopër të bluara
- 1 lugë çaji djegës pluhur
- 1/2 lugë çaji piper kajen

Drejtimet

a) Përziejini dhe ruani në një enë hermetike.

b) Shtoni në sallatën e pulës ose vezëve ose orizit, ose përdorni për të bërë kerri mishi ose perimesh.

10.   Fajita Blend

Përbërësit

- 4 lugë spec djegës pluhur
- 2 lugë qimnon të bluar
- 2 lugë çaji rigon i bluar
- 2 lugë çaji kripë hudhër

Drejtimet

a) Përziejini dhe ruani në një enë hermetike.

b) Spërkateni mbi mish fajita ose përzieni në petë mishi ose burger për një goditje pikante.

11.   Erëza me ushqim deti

Përbërësit

- 2 lugë gjelle me aromë
- 2 lugë kripë selino
- 2 lugë mustardë të bluar
- 1 lugë gjelle xhenxhefil të bluar
- 1 lugë gjelle paprika
- 3/4 lugë çaji piper i kuq

Drejtimet

a) Përziejini dhe ruani në një enë hermetike.

b) Shtoni në sallata dhe ushqime deti, ose spërkatini filetot e peshkut.

12.   Buqetë me pulë

Përbërësit

- 1 gjethe dafine

- 1 lugë gjelle tarragon

- 1 lugë majdanoz

- 1 lugë çaji rozmarinë

- 1 lugë çaji trumzë

Drejtimet

a) Përziejini dhe ruani në një enë hermetike.

13. Buqetë me mish viçi

Përbërësit

- 1 lugë çaji piper i zi
- 2 karafil të tërë
- 1 gjethe dafine e thyer
- 2 lugë çaji trumzë
- 2 lugë çaji borzilok
- 2 lugë çaji të kripura
- 1 lugë majdanoz
- 1/2 e lugës së çajit gjethe të grimcuara të lozhës

Drejtimet

a) Përziejini dhe ruani në një enë hermetike.

14.   Buqetë Peshku

Përbërësit

- 1 gjethe dafine
- 2 kokrra piper te zi
- 1 lugë çaji trumzë
- 1 lugë çaji kopër barërat e këqija
- 1 lugë çaji gjethe lavazhi të grimcuara
- 1 lugë majdanoz

Drejtimet

a) Përziejini dhe ruani në një enë hermetike.

LËNGJET DHE SMOOTHIES BIMORE

15. Smoothie me luleshtrydhe dhe makadamia

Bën 4 racione

Përbërësit

- 1/2 pod vanilje
- 50 g (13/4oz) arra makadamia të papërpunuara
- tul i 1 kokosit të ri me madhësi mesatare
- 250 g (9 oz) luleshtrydhe të freskëta
- pak nga lëngu i kokosit (opsionale)

Drejtimet

a) Prisni kofshën e vaniljes me një thikë të mprehtë dhe më pas grijini farat.

b) Vendosni arrat dhe tulin e kokosit në një blender ose procesor ushqimi.

c) Shtoni luleshtrydhet dhe farat e vaniljes. Pulsoni të gjithë përbërësit për të dhënë një strukturë të lëmuar dhe të mëndafshtë. Nëse smoothie-ja duket shumë e trashë, shtoni mjaftueshëm lëng kokosi për t'i dhënë një strukturë më të mirë. Hidheni në 4 gota dhe shërbejeni.

16.   Smoothie me kokrra goji dhe arra pishe

Bën 2 porcione

Përbërësit

- 50 g (1 3/4 oz) bajame
- 50 g (1 3/4 oz) kokrra goji
- 20 g (3/4 oz) arra pishe
- 1 lugë çaji vaj liri
- 2-3 gjethe mente të freskët 350–400 ml (12-14 fl oz.) ujë mineral

Drejtimet

a) Vendosni të gjithë përbërësit në një blender ose procesor ushqimi dhe përzieni me ujin mineral për të dhënë një strukturë të butë të mëndafshtë.

b) Nëse konsistenca është pak e trashë, shtoni pak ujë dhe përzieni.

17.   Smoothie përforcuese me rrush pa fara të zezë

Bën 2 porcione

Përbërësit

- 50 g (13/4oz) rrush pa fara të zeza të freskëta (ose të përdorura të thara dhe të njomura fillimisht)
- 50 g (13/4oz) elb të pjekur
- 4 lugë çaji shurup agave
- 4 lugë çaji vaj kokosi
- 250 ml (9 ml oz.) qumësht orizi
- Pak ujë mineral

Drejtimet

a) Vendosni të gjithë përbërësit përveç ujit mineral në një blender ose procesor ushqimi dhe përziejini derisa të jetë e qetë.

b) Shtoni ujë mineral të mjaftueshëm për të siguruar që smoothie-ja të jetë e një konsistencë të derdhur.

18.   Smoothie me vishnje dhe kakao të papërpunuar

Bën 2 porcione

Përbërësit

- 50 g (13/4oz) vishnje, të grira me gurë nëse janë të freskëta ose të thata

- 300 ml (10 ml) qumësht orizi ose bajame 4 lugë çaji pluhur kakao të papërpunuar ose të rregullt 4 lugë çaji fara kërpi, të prera 4 lugë çaji vaj liri

Drejtimet

a) Nëse përdorni vishnje të thara, thithini ato për disa orë në 150 ml (5 ml) ujë mineral.

b) Kombinoni gjysmën e qumështit të orizit ose bajames me pjesën tjetër të përbërësve në një blender ose përpunues ushqimi dhe përzieni në një konsistencë të butë, të mëndafshtë dhe që mund të derdhet. Shtoni pjesën tjetër të qumështit në faza derisa tekstura e smoothie-t të jetë sipas dëshirës tuaj.

19.   Smoothie me bajame dhe trëndafil

Bën 2 porcione

Përbërësit

- 50 g (13/4oz) bajame
- 300-400 ml (10-14 ml) ujë mineral 21/2 lugë shurup trëndafili
- 4 lugë çaji vaj bajame
- 1 pikë vaj esencial rose attar (opsionale)
- 8 petale trëndafili damask (opsionale)

Drejtimet

a) Kombinoni gjysmën e ujit mineral me pjesën tjetër të përbërësve në një blender ose përpunues ushqimi dhe përzieni në një konsistencë të butë, të mëndafshtë dhe që mund të derdhet.

b) Shtoni pjesën tjetër të ujit në faza derisa tekstura e smoothie-t të jetë sipas dëshirës tuaj.

20. Smoothie me fëstëkë dhe avokado

Bën 2 porcione

Përbërësit

- 50 g (13/4oz) fëstëkë (plus disa për dekorim)
- 1 avokado e vogël, e qëruar me gurë, e qëruar dhe e prerë në katër pjesë
- 1 lugë çaji vaj farë kërpi
- 2 lugë çaji vaj liri
- lëng 1/2 limoni
- lëng i freskët nga 6 kërcell selino
- piper i zi i sapo bluar për shije pak kripë
- 3-4 gjethe borziloku të freskët
- pak ujë mineral

Drejtimet

a) Vendosni të gjithë përbërësit përveç ujit mineral në një blender ose procesor ushqimi dhe përziejini derisa të jenë të lëmuara. Shtoni ujë mineral të mjaftueshëm për të siguruar që smoothie-ja të jetë e një konsistencë të derdhur.

b) Shërbejeni në gota, me një spërkatje me fëstëkë të grirë hollë sipër secilit.

21.   Smoothie maka dhe mango

Bën 2 porcione

Përbërësit

- 2 mango të mëdha të pjekura
- 2 lugë çaji pluhur rrënjë maka
- 2 lugë çaji fara kërpi, të prera
- 2 lugë çaji vaj kokosi
- lëngun e 1 limoni
- 4 gjethe mente të freskëta
- pak ujë mineral (opsionale)

Drejtimet

a) Vendosni të gjithë përbërësit në një blender ose procesor ushqimi dhe përziejini në një strukturë të lëmuar dhe të mëndafshtë.

b) Hollohet me ujë mineral sipas dëshirës, nëse është e nevojshme.

22. Smoothie me kumbulla dhe kopër

Bën 2 porcione

Përbërësit

- 9–10 kumbulla të mëdha me lëkurë blu të errët
- 1/2 lugë çaji fara kopër
- 2 lugë fara liri, të njomura
- 2 lugë fara kërpi të prera, të njomura

Drejtimet

a) Ziejini fillimisht kumbullat: vendosini në një tenxhere me 250 ml ujë mineral, shtoni farat e koprës dhe lërini të vlojnë. Vendosni kapakun dhe ziejini në zjarr të ulët për 10-12 minuta. Lëreni të ftohet.

b) Transferoni në një blender ose përpunues ushqimi, shtoni farat e mbetura (ose vajrat, nëse përdorni) dhe përzieni në një konsistencë të qetë.

23.   Smoothie me kokrra të kuqe

Bën 2 porcione

Përbërësit

- 2 lugë gjelle mjedra të freskëta
- 2 lugë manaferra të freskëta
- 2 lugë boronica të freskëta
- 2 lugë rrush pa fara të zeza të freskëta
- 2 lugë çaji pluhur acai berry
- 800 ml infuzion limoni, i ftohtë
- pak ujë mineral (opsionale)
- një copë shurup panje ose një majë pluhur stevia (opsionale)

Drejtimet

a) Vendosni manaferrat e freskëta dhe pluhurin e manaferrës acai në një blender ose përpunues ushqimi, shtoni infuzionin e limonit dhe përzieni në një strukturë të lëmuar dhe të mëndafshtë.

b) Nëse është e nevojshme, shtoni pak ujë mineral për të arritur një konsistencë që ju pëlqen.

24. Kënaqësia e endacakëve të fillimit të vjeshtës

Bën 2 porcione

Përbërësit

- 31/2 mollë të qëruara, të prera dhe të grira

- 1/3 dardhë të qëruar, me bërthamë dhe të grirë

- 12 kokrra të pjekura, të shpëlarë, me të gjitha bishtat e hequra

- 20 manaferra të pjekura, të lara

Drejtimet

a) Vendosni të gjithë përbërësit në një blender ose një procesor ushqimi dhe përziejini derisa të jenë të lëmuara.

b) Ndani mes dy gotave dhe sipër me shurupin e manaferrës dhe lulediellit për të rritur përmbajtjen antivirale të smoothie-t.

25.   Lëng zarzavate të kopshtit

Bën 2 porcione

Përbërësit

- 2 grushte gjethe lakra jeshile
- 2 gjethe chard zvicerane
- 1 grusht i madh me gjethe spinaqi
- 1/2 kastravec
- 1 kungull i njomë i vogël jeshil
- 3 kërcell selino
- 2 gjethe luleradhiqe (të mëdha)
- 2 kërcell borzilok i freskët
- pak lëng limoni (opsionale)

Drejtimet

a) Lani dhe shtrydhni të gjitha perimet dhe barishtet dhe përziejini mirë. Shtoni lëngun e limonit për shije nëse dëshironi ose,

b) nëse preferoni një aromë më të fuqishme limoni, shtoni një të tetën e një limoni (preferohet organik) dhe përzieni mirë derisa të përzihet.

26. Piper i kuq dhe lëngu i farave të mbirë

Bën 2 porcione

Përbërësit

- 1 spec i kuq i pastruar dhe i prerë në katërsh
- 20 g (3/4oz) fara jonxhe të mbirë
- 20 g (3/4oz) fara tërfili të kuq të mbirë
- 10 g (1/4 oz) fara brokoli të mbirë
- 1/2 kastravec
- 2-3 gjethe nenexhiku të freskët
- 1/2 spec djegës të vogël të kuq të freskët, të pastruar nga farat

Drejtimet

a) Lëng të gjithë përbërësit dhe përzierje tërësisht.

27. Lëng xhenxhefili dhe kopër

Bën 2 porcione

Përbërësit

- 1 llambë e madhe kopër
- 1 cm (1/2 in) kub rrënjë xhenxhefili i freskët, i qëruar
- 2 kërcell selino
- 1/2 kastravec i vogël
- 1/2 kungull i njomë i vogël jeshil
- 1 kërcell borzilok i freskët

Drejtimet

a) Lani të gjithë përbërësit, përzieni mirë dhe pijeni menjëherë.

28. Lëngu i filizave të koprës dhe brokolit

Bën 2 porcione

Përbërësit

- 1 llambë e madhe kopër
- 45 g (1 1/2 oz) fara brokoli të mbirë
- 45 g (1 1/2oz) fara jonxhe të mbirë
- 1 karotë e madhe
- 2 kërcell selino
- 2-3 gjethe menteje të freskëta me lëng limoni

Drejtimet

a) Lani të gjithë përbërësit, shtoni lëngun e limonit sipas shijes dhe përzieni mirë.

29. Zarzavatet e hikërrorit dhe lëngu i fidaneve të bizeleve

Bën 2 porcione

Përbërësit

- 2 lugë gjelle zarzavate hikërror të rinj, të grira imët
- 4 lugë bizele të freskëta
- 2 kunguj të njomë
- 1 kastravec
- 2 lugë gjelle gjethe të freskëta borzilok
- një copë lëng limoni
- 200 ml (7fl oz.) ujë mineral

Drejtimet

a) Përziejini të gjithë përbërësit, shtoni ujin mineral dhe lëngun e limonit sipas shijes dhe përziejini mirë.

30. Lëng salsa domate

Bën 2 porcione

Përbërësit

- 5 domate te pjekura
- 1/2 kastravec
- 1 thelpi i vogël hudhër
- 1/2 spec djegës të kuq të freskët, të pastruar nga farat
- 1 kërcell gjethe borziloku të freskët
- 2 kërcell selino
- 1 lugë çaji vaj ulliri të virgjër
- kripë për shije
- 1 spec i kuq i pa fara

Drejtimet

a) Hidhni lëng të gjitha perimet dhe barishtet, shtoni vajin e ullirit, rregulloni sipas dëshirës me pak kripë dhe përziejini mirë.

b) Nëse preferoni lëngun tuaj të kuq, shtoni 1 piper të kuq të papastër tek perimet dhe barishtet kur i bëni lëngun e tyre.

31. Lëng nga gjethet e angjinares dhe kopër

Bën 2 porcione

Përbërësit

- 1 lugë çaji gjethe angjinarja, të grira imët
- 1 llambë e mesme kopër
- 4 gjethe luleradhiqesh të freskëta
- 4 kërcell selino
- 1/2 kungull i njomë

Drejtimet

a) Lëng të gjithë përbërësit, përzierje tërësisht, dhe pije.

b) Nëse lëngu ju duket tepër i hidhur, hollojeni me pak ujë mineral derisa të ketë shije të këndshme.

32. Zarzavatet e lulediellit dhe lëngu i barit të grurit

Bën 2 porcione

Përbërësit

- 100 g (31/2oz) zarzavate luledielli
- 100 g (31/2oz) tehe bar gruri
- 300 ml (10 ml oz.) ose më shumë ujë mineral

Drejtimet

a) Shtypni zarzavatet e lulediellit dhe barin e grurit, përzieni mirë dhe shtoni ujë mineral të mjaftueshëm për të holluar shijen e lëngut dhe për t'i dhënë një shije të këndshme.

CAJET BIMORE

33. Balsam limoni dhe çaj trëndafili

Bën 2-3 racione

Përbërësit

- 16 gjethe balsam limoni të freskët (mund të përdoren edhe majat me lule të buta), ose 1 lugë balsam limoni të thatë
- 2 koka trëndafili me petalet e hequra, ose 2 lugë gjelle petale trëndafili të thara

Drejtimet

a) Vendosni gjethet e freskëta të balsamit të limonit dhe petalet e trëndafilit në një çajnik të madh. Nëse përdorni balsam limoni të thatë dhe petale trëndafili, hidhini ato me lugë në çajnik.

b) Zieni 500 ml (16 ml) ujë, lëreni të ftohet për 5 minuta dhe më pas hidheni në çajnik. Lëreni të injektohet për 5 minuta dhe më pas shërbejeni. Më shumë ujë mund të shtohet më vonë nëse është e nevojshme për të rifutur gjethet dhe petalet e trëndafilit.

34. Çaj jasemini dhe limoni

Bën 2 porcione

Përbërësit

- 1 kërcell limoni, i prerë
- 1 luge lule jasemini
- pak lëng gëlqereje

Drejtimet

a) Vendoseni limonin e grirë në një çajnik dhe shtoni lulet e jaseminit.

b) Holloni 200 ml (7fl oz.) ujë të zier me 100 ml (3/2 fl oz.) ujë të ftohtë në mënyrë që temperatura e ujit të nxehtë të jetë afërsisht 70°C (158°F).

c) Hidhni ujin në çajnik, lëreni të zhvillohet aroma dhe shërbejeni. Në mot të nxehtë ky çaj mund të shërbehet i ftohtë.

35. Çaj Goji Berry dhe Damiana

Bën 2 porcione

Përbërësit

- 1 lugë gjelle goji manaferra, të freskëta ose të thata
- 1 lugë çaji damiana (Turnera diffusa)
- 1/2 lugë çaji pluhur rrënjë jamballi

Drejtimet

a) Vendosni të gjithë përbërësit në një tenxhere, mbulojeni me 300 ml (10 ml) ujë të vluar, lëreni të qëndrojë për 10-15 minuta dhe më pas shërbejeni. Infuzioni gjithashtu mund të lihet të ftohet dhe të shërbehet si pije e ftohtë.

36. Çaj trëndafili dhe boronicë

Bën 2 porcione

Përbërësit

- 1 lugë gjelle lëvozhga trëndafili, të freskëta ose të thata
- 1 lugë boronica, të freskëta ose të thata
- 1 lugë çaji lëkurë portokalli
- 1 lugë çaji goji berries, të freskëta ose të thata

Drejtimet

a) Vendosni të gjithë përbërësit në një çajnik dhe mbulojeni me 300 ml (10 ml) ujë të vluar.

b) Lëreni të injektohet për 10-15 minuta, kullojeni dhe shërbejeni.

37.   Çaj krizantemë dhe lule plaku

Bën 2 porcione

Përbërësit

- 1/2 lugë lule krizantemë
- 1/2 lugë gjelle lule plaku
- 1/2 lugë mente
- 1/2 lugë gjelle gjethe hithre

Drejtimet

a) Vendosni të gjithë përbërësit në një tenxhere, mbulojeni me 300 ml (10 ml) ujë të vluar, lëreni të injektohet dhe shërbejeni.

b) Pini 3-4 gota në ditë gjatë sezonit të etheve të barit.

38. Çaj kamomil dhe kopër

Bën 3 racione

Përbërësit

- 1 lugë çaji lule kamomili
- 1 lugë çaji fara kopër
- 1 lugë çaji livadhe
- 1 lugë çaji rrënjë marshmallow, e grirë imët
- 1 lugë çaji yarou

Drejtimet

a) Vendosini barishtet në një çajnik të madh.

b) Zieni 500 ml (16 ml) ujë të vluar dhe shtoni në çajnik. Lëreni të injektohet për 5 minuta dhe shërbejeni.

c) Pini 1 filxhan infuzion 2-3 herë në ditë.

39. Çaji me luleradhiqe dhe rodhe

Bën 3-4 racione

Përbërësit

- 1 lugë çaji gjethe luleradhiqe
- 1 lugë çaji gjethe rodhe
- 1 lugë çaji barishte
- 1 lugë çaji lule tërfili të kuq

Drejtimet

a) Vendosni të gjithë përbërësit në një çajnik, derdhni në 500 ml (16 ml) ujë të vluar, lëreni të injektohet për 10-15 minuta dhe shërbejeni. Pini të nxehtë ose të ftohtë gjatë gjithë ditës.

40.   Çaj yardhe dhe kalendulë

Bën 3-4 racione

Përbërësit

- 1 lugë çaji yarou
- 1 lugë çaji lule kumak
- 1 lugë çaji mantel zonjash
- 1 lugë çaji vervain
- 1 lugë çaji gjethe mjedër

Drejtimet

a) Vendosni të gjithë përbërësit në një çajnik, derdhni në 500 ml (16 ml) ujë të vluar, lëreni të injektohet për 10-15 minuta dhe shërbejeni. Pini të nxehtë ose të ftohtë gjatë gjithë ditës.

b) Merrni 2-4 gota me fillimin e dhimbjes dhe rivlerësoni me profesionistin tuaj shëndetësor nëse dhimbja vazhdon.

41.   Çaj me kafkë dhe lule portokalli

Bën 3-4 racione

Përbërësit

- 1 lugë çaji kafkë
- 1 lugë çaji lule portokalli
- 1 lugë çaji St. Kantariona
- 1 lugë çaji betony druri
- 1 lugë çaji balsam limoni

Drejtimet

a) Vendosni të gjithë përbërësit në një çajnik, derdhni në 500 ml (16 ml) ujë të vluar, lëreni të injektohet për 10-15 minuta dhe shërbejeni.

b) Pini të nxehtë ose të ftohtë gjatë gjithë ditës.

42.   Çaj me manaferra dhe luleshtrydhe të egra

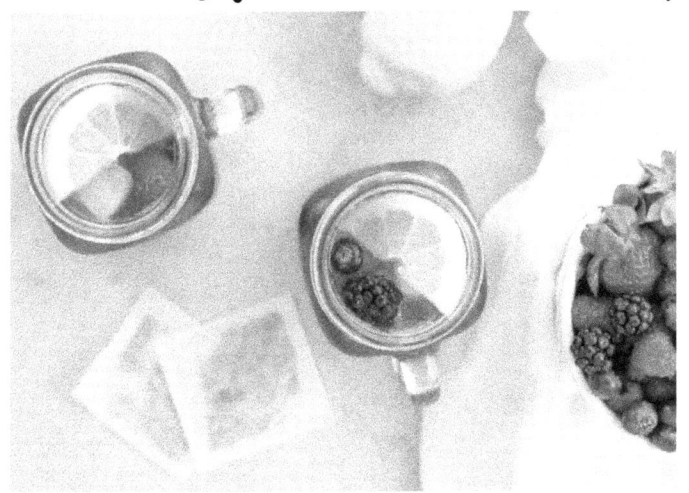

Bën 3-4 racione

Përbërësit

- 2 lugë çaji gjethe manaferre
- 1 lugë çaji gjethe luleshtrydhesh të egra
- 1 lugë çaji gjethe mjedër
- 1 lugë çaji gjethe rrush pa fara

Drejtimet

a) Vendosni të gjithë përbërësit në një çajnik, derdhni në 500 ml (16 ml) ujë të vluar, lëreni të injektohet për 10-15 minuta dhe shërbejeni.

b) Pini të nxehtë ose të ftohtë gjatë gjithë ditës.

43. **Infuzion i mentes dhe kalendulës**

Bën 4 racione

Përbërësit

- 1 lugë çaji gjethe mente
- 1 lugë çaji lule calendula
- 1 lugë çaji me nënës
- 1 lugë çaji vervain
- shurup nga petalet e trëndafilit për të ëmbëlsuar

Drejtimet

a) Vendosni të gjitha barishtet në një çajnik të madh.

b) Zieni 600 ml (1 lintë) ujë të vluar dhe derdhni mbi barishtet. Lëreni të injektohet për 20 minuta, më pas kullojeni lëngun përmes një sitë çaji në një enë të pastër. Pini 1 filxhan infuzion 2-3 herë në ditë, të nxehtë ose në temperaturën e dhomës.

44.   Çaj me lule murriz dhe livando

Bën 3-4 racione

Përbërësit

- 1 lugë çaji lule murrizi
- 1 lugë çaji livando
- 1 lugë çaji sytha trëndafili
- 1 lugë çaji lule portokalli
- 1 lugë çaji jasemini

Drejtimet

a) Vendosni të gjithë përbërësit në një çajnik, derdhni në 500 ml (16 ml) ujë të vluar, lëreni të injektohet për 10-15 minuta dhe shërbejeni.

b) Pini të nxehtë ose të ftohtë gjatë gjithë ditës.

45. Çaj me hithër dhe klerik

Bën 2 porcione

Përbërësit

- 2 lugë çaji gjethe hithre
- 2 lugë çaji thikë

Drejtimet

a) Vendosni përbërësit në një tenxhere, derdhni në 300 ml (10 ml) ujë të vluar, lëreni të injektohet për 10-15 minuta dhe shërbejeni.

b) Pini të nxehtë ose të ftohtë gjatë gjithë ditës.

46. Çaj lëpushkë dhe marshmallow

Bën 2 porcione

Përbërësit

- 1 lugë çaji gjethe lëpushkë
- 1 lugë çaji gjethe marshmallow
- 1 lugë çaji delli

Drejtimet

a) Vendosni të gjithë përbërësit në një çajnik, derdhni në 300 ml (10 ml) ujë të vluar, lëreni të injektohet për 10-15 minuta dhe shërbejeni.

b) Pini të nxehtë ose të ftohtë gjatë gjithë ditës.

47.   Çaj bisht kali dhe misri

Bën 5-6 racione

Përbërësit

- 2 lugë çaji bisht kuajsh
- 2 lugë çaji mëndafshi misri
- 2 lugë çaji gjethe luleradhiqe
- 2 lugë çaji thikë
- 2 lugë çaji gjethe delli

Drejtimet

a) Vendosni të gjithë përbërësit në një tenxhere, derdhni në 600 ml ujë të vluar, lëreni të injektohet për 10-15 minuta dhe shërbejeni.

b) Pini të nxehtë ose të ftohtë gjatë gjithë ditës.

48. Çaj bimor i ftohtë me fruta

Rendimenti: 1 porcion

Përbërës

- 1 qese çaj Tazo Passion
- 1-litër ujë
- 2 gota lëng portokalli të freskët
- Rrota portokalli
- Gjethet e mentes

Udhëzime:

a) Vendoseni qesen e çajit në 1 litër ujë të vluar dhe lëreni të ziejë për 5 minuta.

b) Hiqni qesen e çajit. Hidheni çajin në një enë 1 gallon të mbushur me akull. Pasi të shkrihet akulli, mbusheni hapësirën e mbetur në tenxhere me ujë.

c) Mbushni një shaker kokteji me gjysmën e çajit të zier dhe gjysmën e lëngut të portokallit. Shkundni mirë dhe kullojeni në një gotë të mbushur me akull. Dekoroni me rrotë portokalli dhe gjethe nenexhiku.

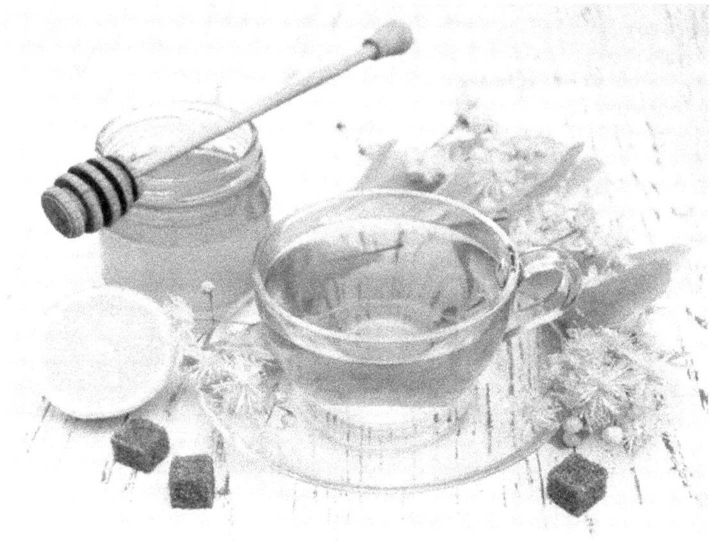

Rendimenti: 1 porcion

Përbërës

- Qese me lule të thata gëlqereje
- Ujë të vluar

Udhëzime:

a) Thjesht vendosni lule të thata, një grusht të vogël për çajnikun mesatar, në tenxhere. Hidhni në ujë të vluar dhe përzieni mirë. Shërbejeni.

b) Mos lejoni zierjen për më shumë se katër minuta pasi shija do të humbasë.

49.   Çaj bimor me mjedër

Rendimenti: 8 racione

Përbërës

- 2 qese çaji me mjedër në madhësi familjare
- 2 thasë çaji Blackberry
- 2 thasë çaji nga rrush pa fara e zezë
- 1 shishe musht molle me gaz
- ½ filxhan koncentrat lëngu
- ½ filxhan lëng portokalli
- ½ filxhan Sheqer

Udhëzime:

a) Vendosni të gjithë përbërësit në një enë të madhe. Qetë. Ne i servirim tonat me kube akulli me fruta.

b) Rezervoni lëngje të mjaftueshme për të mbushur një tabaka me kuba akulli dhe vendosim feta luleshtrydhe dhe boronica në secilin kub.

50. Çaj kardamom

Rendimenti: 1 porcion

Përbërës

- 15 Uji i farave të kardamomit
- ½ filxhan qumësht
- 2 pika vanilje (deri në 3 pika)
- I dashur

Udhëzime:

a) Për dispepsi, përzieni 15 fara të pluhurosura në ½ filxhan ujë të nxehtë. Shtoni 1 ons rrënjë xhenxhefili të freskët dhe një shkop kanelle.

b) Ziejini për 15 minuta në zjarr të ulët. Shtoni ½ filxhan qumësht dhe ziejini për 10 minuta të tjera. Shtoni 2 deri në 3 pika vanilje. Ëmbëlsojeni me mjaltë. Pini 1 deri në 2 gota në ditë.

51.   Çaji Sassafras

SHERBIMET: 10

Përbërësit

- 4 rrënjë sassafras
- 2 litra ujë
- sheqer ose mjaltë

Udhëzime:

a) Lani rrënjët dhe pritini fidanët aty ku janë të gjelbërta dhe ku mbaron rrënja.

b) Lëreni ujin të vlojë dhe shtoni rrënjët.

c) Ziejeni derisa uji të marrë një ngjyrë të kuqe të thellë kafe (sa më i errët aq më i fortë -- mua më pëlqen i imi i fortë).

d) Kullojeni në një tenxhere përmes telit dhe një filtri kafeje nëse nuk dëshironi asnjë sediment.

e) Shtoni mjaltë ose sheqer sipas shijes.

f) Shërbejeni të nxehtë ose të ftohtë me limon dhe një degë nenexhik.

52. Čaj Moringa

Serbimet: 2

Përbërësi s

- 800 ml ujë
- 5-6 gjethe nenexhiku - të grisura
- 1 lugë çaji fara qimnoni
- 2 lugë çaji Moringa Pluhur
- 1 lugë gjelle Lëng Lime/Limon
- 1 lugë çaji mjaltë organik si ëmbëlsues

Udhëzime:

a) Sillni 4 gota ujë në një valë.

b) Shtoni 5-6 gjethe nenexhiku dhe 1 lugë çaji fara qimnon / jeera.

c) Lëreni të ziejë derisa uji të zvogëlohet në gjysmën e sasisë.

d) Kur uji të zvogëlohet në gjysmë, shtoni 2 lugë çaji pluhur Moringa.

e) Rregulloni nxehtësinë në nivel të lartë, kur të shkumëzohet dhe të ngrihet, fikeni zjarrin.

f) Mbulojeni me kapak dhe lëreni të qëndrojë për 4-5 minuta.

g) Pas 5 minutash, kullojeni çajin në një filxhan.

h) Shtoni mjaltë organik për shije dhe shtrydhni në lëng të freskët gëlqereje.

53. Çaji i sherebelës

Përbërësit

- 6 gjethe të freskëta të sherebelës, të mbetura në kërcell
- Ujë të vluar
- Mjaltë (ose shurup agave për veganët)
- 1 copë limoni

Drejtimet

a) Sillni ujin të vlojë.

b) Lajeni mirë sherebelën.

c) Vendoseni sherebelën në një filxhan dhe derdhni mbi ujë të vluar. Lërini barishtet të ziejnë për 5 minuta.

d) Hiq sherebelën. Përziejini me një rrufe mjaltë dhe një shtrydhje limoni.

KORDIALET DHE SHURUPET

54.   Manaferra dhe gëlqere të përzemërta

Bën 500 ml (16 ml oz.)

Përbërësit

- 1 kg (21/4 lb) lëng manaferrash të freskëta prej 4 lime
- 350 g (12 oz) sheqer pluhur

Drejtimet

a) Në një tenxhere të ulët, ziejini manaferrat dhe lëngun e limonit në 600 ml (1 lintë) ujë në një tenxhere për rreth 15 minuta.

b) Lëreni të ftohet për rreth 10 minuta, më pas shtyjeni përzierjen përmes një sitë dhe hidhni tulin dhe pulpat. Derdhni lëngun e kulluar në një tenxhere të pastër dhe shtoni sheqerin. I trazojmë në zjarr të ulët derisa të tretet sheqeri dhe më pas ziejmë për rreth 5 minuta derisa masa të bëhet shurup.

c) Hidheni në shishe të sterilizuara, mbylleni, vendoseni në frigorifer dhe përdorni brenda disa ditësh. Hollohet sipas shijes me ujë mineral të gazuar ose pa gaz dhe feta nenexhiku të freskët ose gëlqere për të bërë një pije freskuese.

55. Elderberry dhe plaka e përzemërt

Bën 500 ml (16 ml oz.)

Përbërësit

- 50 g (13/4oz) lule plake të freskëta ose të thata
- 100 g (31/2 oz) manaferra
- 1 shkop i vogël kanelle
- 1 lugë çaji anise
- 1 lugë gjelle rrënjë xhenxhefili të freskët, të grirë
- 400 g (14 oz) sheqer
- lëng 1/2 limoni

Drejtimet

a) Vendosni të gjithë përbërësit përveç sheqerit dhe lëngut të limonit në një tenxhere, shtoni 1 litër (13/4 litër) ujë, mbulojeni dhe ziejini në zjarr të ulët për 25-30 minuta.

b) Kullojeni lëngun në një enë matëse. Derdhni 600 ml (1 litër) në një tenxhere dhe shtoni sheqerin. (Çdo lëng shtesë mund të pihet si çaj.)

c) I trazojmë butësisht në zjarr të ulët për të tretur sheqerin. Kur i gjithë sheqeri të jetë tretur, shtoni lëngun e limonit dhe ziejini lehtë për 10-15 minuta të tjera me kapak të mbyllur. Më pas e lëmë të ziejë për 2-3 minuta dhe e heqim nga zjarri.

d) Hidheni në një shishe qelqi të sterilizuar ndërsa është ende e nxehtë, mbylleni, etiketoni me një listë të përbërësve dhe datën. Mbajeni në frigorifer dhe përdorni brenda 3-4 javësh.

e) Shtoni një lugë gjelle kordial në një filxhan me ujë të ftohtë ose të nxehtë, ose hidhni petullat ose drithërat e mëngjesit.

56. Mjaltë e ëmbël vjollce dhe xhenxhefil

Bën 400–500 g (14oz–1lb 2oz)

Përbërësit

- 20 g (3/4 oz) gjethe dhe lule të freskëta vjollce (ose përdorni viola, ose zemër, nëse nuk ka)
- 30 g (1 oz) rrënjë xhenxhefili të freskët
- 20 g (3/4oz) gjethe delli të freskëta
- 30 g (1 oz) gjethe të freskëta houttuynia
- 500 g (1 lb 2oz) mjaltë i lëngshëm

Drejtimet

a) Mblidhni me kujdes gjethet dhe lulet e freskëta dhe lajini dhe thani me ajër.

b) I presim imët, i vendosim në një kavanoz të pastër dhe i mbulojmë plotësisht me mjaltë të lëngshëm. Përziejini mirë për t'u siguruar që të gjitha barishtet të jenë mbuluar mirë. Shtoni mjaltë shtesë nëse është e nevojshme.

c) Lëreni në një vend të ngrohtë, si p.sh. një dollap ajrimi, për 5 ditë. Më pas kullojeni mjaltin përmes një leckë të pastër muslin dhe dekantojeni në një kavanoz më të vogël të sterilizuar.

d) Hidhni barishtet e tendosura. 4 Mbyllni kavanozin, etiketoni me një listë të të gjithë përbërësve dhe datën.

57. Pure me balsam limoni dhe mjaltë

Bën 125 g (41/2 oz)

Përbërësit

- 20 g (3/4oz) gjethe të freskëta të balsamit të limonit
- 100 g (31/2oz) mjaltë me lëng
- Lëng 1/2 limoni

Drejtimet

a) Vendosini gjethet në një blender ose procesor ushqimi, shtoni mjaltin dhe lëngun e limonit dhe përziejini derisa të merrni një pure të gjelbër të lëmuar. 2 Hollojeni me ujë dhe pijeni.

b) Pureja do të zgjasë një ose dy javë, nëse ruhet në frigorifer.

58. Shurup trëndafili

Bën 700 ml (1 1/4 pintë)

Përbërësit

- 500 g (1 lb 2oz) trëndafila të freskët
- 400 g (14 oz) sheqer

Drejtimet

a) Pritini frutat në dy pjesë dhe hiqni farat dhe qimet me një lugë të vogël. Lani gjysmat e pastruara nën ujë të rrjedhshëm për të hequr më tej qimet e vogla nga frutat.

b) Vendosni frutat në një tenxhere, shtoni 600 ml ujë dhe ziejini të pambuluara në zjarr të ngadaltë për 20-30 minuta derisa frutat të jenë të buta dhe uji të pakësohet pak.

c) Kullojeni përzierjen dhe derdhni lëngun në një tenxhere të pastër. Hidhni frutat. Shtoni sheqerin në lëngun e kulluar dhe lëreni të tretet në zjarr të ulët, duke e përzier vazhdimisht.

d) Pasi të jetë tretur i gjithë sheqeri, rrisim zjarrin dhe ziejmë për 2-3 minuta. Dekantoni shurupin në një shishe të sterilizuar.

59. Shurup lëpushkë dhe anise

Bën 200 ml (7fl oz.)

Përbërësit

- 4 lugë çaji tretësirë të gjetheve të lëpushës
- 4 lugë çaji tinkturë me rrënjë marshmallow
- 1 lugë gjelle tretësirë anise
- 1 lugë gjelle tinkturë trumze
- 4 lugë çaji tretësirë delli
- 2 lugë çaji tinkturë me rrënjë jamballi 100 ml (3 1/2 fl oz.) mjaltë manuka

Drejtimet

a) Përziejini tinkturat dhe mjaltin, përziejini tërësisht dhe hidhini në një shishe qelqi të sterilizuar kafe. Mbyllni, etiketoni me të gjithë përbërësit dhe datën.

b) Do të ruhet për 3-4 muaj.

60. Shurup nga petalet e trëndafilit

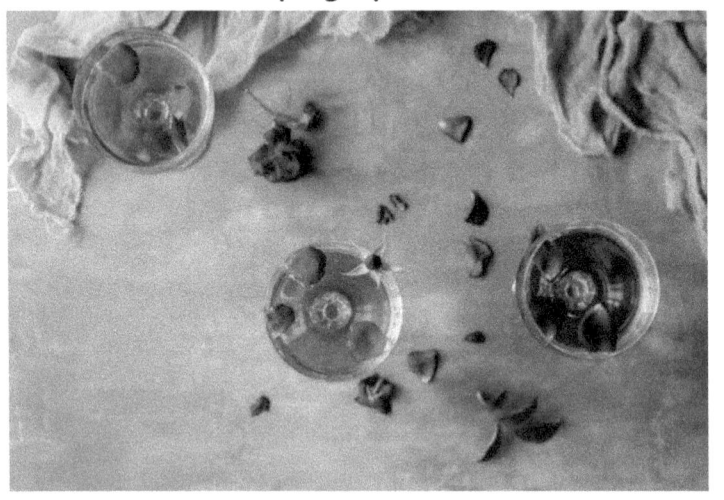

Bën rreth 500 ml (16fl oz.)

Përbërësit

- 225 g (8oz) lëng sheqeri të grimcuar nga 1 limon, lëng i kulluar i 1 portokalli, i kulluar
- 100g (31/2oz) petale trëndafili të thara ose
- 10 koka trëndafili të freskët

Drejtimet

a) Shpërndani sheqerin në 300 ml (10 ml) ujë në një tenxhere të vogël në zjarr të ulët dhe mos e lini të vlojë, pasi kjo do ta bëjë përzierjen të turbullt. Shtoni lëngun e kulluar të limonit dhe portokallit, ulni zjarrin dhe ziejini në zjarr të ulët për 5 minuta.

b) Gjatë 15 minutave të ardhshme, shtoni petalet e trëndafilit, nga një lugë gjelle dhe përzieni mirë përpara se të shtoni më shumë. Hiqeni nga zjarri, lëreni të ftohet dhe kullojeni. Hidheni në një shishe qelqi të sterilizuar, mbylleni dhe etiketoni. Mbajeni në frigorifer dhe përdorni brenda 6 javësh.

61.   Shurup vishnje

Bën 1 pintë

Përbërësit

- 400 ml (14 fl oz.) lëng vishnje, i saposhtypur
- 250 g (9 oz) sheqer

Drejtimet

a) Hidhni lëngun në një tenxhere, shtoni sheqerin dhe ngrohni butësisht. Shkrihet sheqeri në lëng duke e përzier vazhdimisht dhe më pas ziejë për 20 minuta në zjarr të ulët.

b) Kullojeni shurupin dhe shishen në një shishe qelqi të sterilizuar me një kapak të ngushtë. Mbajeni në frigorifer dhe përdorni brenda disa javësh.

c) Pihet e holluar me ujë mineral të ftohtë ose të nxehtë.

62.   Echinacea dhe shurup trumze

Bën 500 ml (16 ml oz.)

Përbërësit

- 20 g (¾oz) trumzë e freskët
- 20 g (¾oz) gjethe delli të freskëta
- 20 g (¾oz) rrënjë, kërcell dhe gjethe jeshile të freskëta të echinacea
- 10g (1/4oz) rrënjë xhenxhefili të freskët, të grirë
- 10 g (1/4 oz) hudhër të freskët, të pastruar dhe të shtypur
- 10g (1/4oz) rrënjë elekampane e freskët
- 1 djegës i kuq i freskët i plotë, i grirë imët
- 400 ml (14 ml oz.) vodka me cilësi të mirë
- 100 g (31/2oz) mjaltë manuka

Drejtimet

a) Lani të gjithë përbërësit e barit pasi të jenë korrur dhe lërini të thahen. Më pas i presim imët.

b) Vendosni të gjithë përbërësit përveç mjaltit dhe vodkës në një kavanoz të madh qelqi me kapak. Hidhni vodkën, mbyllni kapakun fort dhe tundeni disa herë. Etiketoni kavanozin me përbërësit dhe datën. Vendoseni kavanozin në një dollap të errët dhe tundeni të paktën një herë në ditë për 3 javë.

c) Kullojeni përmbajtjen e kavanozit përmes qeses së muslinit në një enë matëse. Derdhni mjaltin manuka në një tas dhe hidhni butësisht tinkturën, duke e përzier vazhdimisht me një kamxhik derisa mjalti dhe tinktura të jenë përzier mirë. Hidheni shurupin në një shishe qelqi 500 ml (16 ml) me kapak dhe etiketoni me përbërësit dhe datën origjinale të fillimit.

d) Merrni 1 lugë çaji 2-3 herë në ditë, ose deri në 6 lugë çaji në ditë në fillim të një ftohjeje. Ky shurup duhet të ruhet deri në 9 muaj.

TINKTURA BIMORE

63.   Tinkturë mente dhe trumzë

Bën 500 ml (16 ml oz.)

Drejtimet

a) Vendosni të gjithë përbërësit përveç vodkës në një kavanoz të madh.

b) Mbulojeni me vodka, përzieni dhe sigurohuni që të gjithë përbërësit të jenë zhytur mirë. Mbyllni kavanozin fort dhe vendoseni në një dollap të errët. Jepini kavanozit disa tundje të mira çdo ditë për 3 javë.

c) Hapni kavanozin dhe kullojini përbërësit përmes një sitë të veshur me muslin në një tas të cekët. Hidhni përbërësit në muslin dhe derdhni lëngun në një shishe qelqi qelibar. Etiketoni shishen e tinkturës me emrat e të gjithë përbërësve dhe datën. Merrni 1 lugë çaji në një gotë me ujë të ngrohtë ose të ftohtë dhe pini para ose pas ngrënies.

64. Tinkturë e elderberry dhe jamball

Bën 300-350 ml (10-12 ml oz.)

Përbërësit

- 25 g (1 ons i pakët) manaferra të vogla
- 25 g (1 oz i pakët) rrënjë echinacea
- 10 g (1/4 oz) rrënjë jamballi
- 10g (1/4oz) rrënjë xhenxhefili të freskët, të grirë
- 10 g (1/4 oz) shkop kanelle, të thyer në copa të vogla
- 20 g (3/4oz) mente
- 400 ml (14 ml oz.) vodka me cilësi të mirë

Drejtimet

a) Sigurohuni që të gjithë përbërësit e tharë të jenë grirë imët, por jo pluhur.

b) Vendosni të gjithë përbërësit përveç vodkës në një kavanoz të madh qelqi me një kapak të sigurt. Hidhni vodkën, mbyllni kapakun fort dhe tundeni disa herë.

c) Etiketoni kavanozin me të gjithë përbërësit dhe datën. Vendoseni kavanozin në një dollap të errët dhe tundeni të paktën një herë në ditë për 3 javë.

d) Kullojeni përmbajtjen e kavanozit përmes një qese muslin në një enë matëse dhe hidheni tinkturën në një shishe qelqi të sterilizuar me madhësi të përshtatshme (350-400 ml/12-14 ml oz.).

e) Mbyllni shishen.

f) Etiketoni me të gjithë përbërësit dhe datën origjinale të fillimit. Filloni duke marrë disa pika çdo ditë dhe shtoni deri në 1 lugë çaji 2-3 herë në ditë. Përdorni brenda 6 muajve.

65. Tinkturë e luleve të gëlqeres dhe kokrra të murrizit

Bën 300–350 ml (10–12 ml oz.)

Përbërësit

- 20 g (3/4oz) lule bli
- 20 g (3/4oz) kokrra murrizi
- 20 g (3/4oz) yardhe
- 20 g (3/4oz) balsam limoni
- 20 g (3/4oz) ngërçe
- 400 ml (14 ml oz.) vodka me cilësi të mirë

Drejtimet

a) Sigurohuni që të gjithë përbërësit e tharë të jenë grirë imët, por jo pluhur.

b) Vendosni të gjithë përbërësit përveç vodkës në një kavanoz të madh qelqi me një kapak të sigurt. Hidhni vodkën, mbyllni kapakun fort dhe tundeni disa herë.

c) Etiketoni kavanozin me të gjithë përbërësit dhe datën. Vendoseni kavanozin në një dollap të errët dhe tundeni të paktën një herë në ditë për 3 javë.

d) Kullojeni përmbajtjen e kavanozit përmes një qese muslin në një enë matëse dhe hidheni tinkturën në një shishe qelqi të sterilizuar me madhësi të përshtatshme (350–400 ml/12–14 ml oz.). Mbyllni shishen.

e) Etiketoni me të gjithë përbërësit dhe datën origjinale të fillimit. Filloni duke marrë disa pika çdo ditë dhe shtoni deri në 1 lugë çaji 2-3 herë në ditë. Përdorni brenda 6 muajve.

66.   Tinkturë me lule pasioni dhe kamomil

Bën 300–350 ml (10–12 ml oz.)

Përbërësit

- 20 g (3/4oz) lule pasioni

- 20 g (3/4oz) kamomil

- 20 g (3/4oz) rrënjë sanëze

- 30 g (1oz) vishnje, të freskëta ose të thata 400 ml (14 fl oz.) vodka me cilësi të mirë

Drejtimet

a) Sigurohuni që të gjithë përbërësit e tharë të jenë grirë imët, por jo pluhur.

b) Vendosni të gjithë përbërësit përveç vodkës në një kavanoz të madh qelqi me një kapak të sigurt. Hidhni vodkën, mbyllni kapakun fort dhe tundeni disa herë.

c) Etiketoni kavanozin me të gjithë përbërësit dhe datën. Vendoseni kavanozin në një dollap të errët dhe tundeni të paktën një herë në ditë për 3 javë.

d) Kullojeni përmbajtjen e kavanozit përmes një qese muslin në një enë matëse dhe hidheni tinkturën në një shishe qelqi të sterilizuar me madhësi të përshtatshme (350–400 ml/12–14 ml oz.).

e) Mbyllni shishen.

f) Etiketoni me të gjithë përbërësit dhe datën origjinale të fillimit. Filloni duke marrë disa pika çdo ditë dhe shtoni deri në 1 lugë çaji në orët e vona të pasdites dhe një tjetër para se të shkoni në shtrat. Përdorni brenda 6 muajve.

67. Tinkturë e manave të dëlira dhe dang gui

Bën 300–350 ml (10–12 ml oz.)

Përbërësit

- 20 g (3/4oz) kokrra të kuqe të dëlirë (e quajtur edhe agnus castus)
- 20 g (3/4oz) engjëlli kineze (dang gui)
- 20 g (3/4oz) kërpudha mëmë
- 20 g (3/4oz) lëvore e rrënjës së zezë (Viburnum prunifolium)
- 20 g (3/4oz) kamomil
- 400 ml (14 ml oz.) vodka me cilësi të mirë

Drejtimet

a) Sigurohuni që të gjithë përbërësit e tharë të jenë grirë imët, por jo pluhur.

b) Vendosni të gjithë përbërësit përveç vodkës në një kavanoz të madh qelqi me një kapak të sigurt. Hidhni vodkën, mbyllni kapakun fort dhe tundeni disa herë.

c) Etiketoni kavanozin me të gjithë përbërësit dhe datën. Vendoseni kavanozin në një dollap të errët dhe tundeni të paktën një herë në ditë për 3 javë.

d) Kullojeni përmbajtjen e kavanozit përmes një qese muslin në një enë matëse dhe hidheni tinkturën në një shishe qelqi të sterilizuar me madhësi të përshtatshme (350–400 ml/12–14 ml oz.). Mbyllni shishen.

e) Etiketoni me të gjithë përbërësit dhe datën origjinale të fillimit. Filloni duke marrë disa pika çdo ditë dhe shtoni deri në 1 lugë çaji 2-3 herë në ditë. Përdorni brenda 6 muajve.

68.   Tinkturë Goji Berry dhe xhensen siberian

Bën 300–350 ml (10–12 ml oz.)

Përbërësit

- 25 g (1 oz) kokrra goji
- 25 g (1 oz i pakët) xhensen siberian
- 25 g (1oz i pakët) tërshërë ose tërshërë të thatë
- 20 g (3/4oz) manaferra schisandra
- 5g (1/8oz) rrënjë jamballi
- 400 ml (14 ml oz.) vodka me cilësi të mirë

Drejtimet

a) Sigurohuni që të gjithë përbërësit e tharë të jenë grirë imët, por jo pluhur.

b) Vendosni të gjithë përbërësit përveç vodkës në një kavanoz të madh qelqi me një kapak të sigurt. Hidhni vodkën, mbyllni kapakun fort dhe tundeni disa herë.

c) Etiketoni kavanozin me të gjithë përbërësit dhe datën. Vendoseni kavanozin në një dollap të errët dhe tundeni të paktën një herë në ditë për 3 javë.

d) Kullojeni përmbajtjen e kavanozit përmes një qese muslin në një enë matëse dhe hidheni tinkturën në një shishe qelqi të sterilizuar me madhësi të përshtatshme (350–400 ml/12-14 ml oz.). Mbyllni shishen.

e) Etiketoni me të gjithë përbërësit dhe datën origjinale të fillimit. Filloni duke marrë disa pika çdo ditë dhe shtoni deri në 1 lugë çaji 2-3 herë në ditë. Përdorni brenda 6 muajve.

69. Tinkturë e tërfilit të kuq dhe klerikëve

Bën 300-350 ml (10-12 ml oz.)

Përbërësit

- 15 g (1/2 oz) tërfili i kuq
- 15 g (1/2 oz) thikë
- 20 g (3/4oz) violë (sëmundje zemre)
- 20g (3/4oz) gjethe vjollce (Viola odorata)
- 20 g (3/4oz) rrënjë mahonia (Mahonia aquifolium), e prerë imët
- 20 g (3/4oz) gotu kola
- 400 ml (14 ml oz.) vodka me cilësi të mirë

Drejtimet

a) Sigurohuni që të gjithë përbërësit e tharë të jenë grirë imët, por jo pluhur.

b) Vendosni të gjithë përbërësit përveç vodkës në një kavanoz të madh qelqi me një kapak të sigurt. Hidhni vodkën, mbyllni kapakun fort dhe tundeni disa herë.

c) Etiketoni kavanozin me të gjithë përbërësit dhe datën. Vendoseni kavanozin në një dollap të errët dhe tundeni të paktën një herë në ditë për 3 javë.

d) Kullojeni përmbajtjen e kavanozit përmes një qese muslin në një enë matëse dhe hidheni tinkturën në një shishe qelqi të sterilizuar me madhësi të përshtatshme (350–400 ml/12–14 ml oz.). Mbyllni shishen.

e) Etiketoni me të gjithë përbërësit dhe datën origjinale të fillimit. Filloni duke marrë disa pika çdo ditë dhe shtoni deri në 1 lugë çaji 2-3 herë në ditë. Përdorni brenda 6 muajve.

70. Tinkturë mbrojtëse e dimrit të Echinacea dhe elderberry

Bën furnizim për 1 muaj

Përbërësit

- 20 g (3/4oz) rrënjë xhenxhefili të freskët
- 80 g (23/4oz) rrënjë echinacea, e freskët ose e tharë
- 20 g (3/4oz) gjethe trumze, të freskëta ose të thata
- 2 thelpinj hudhër (opsionale)
- 1 djegës i freskët me fara (opsionale)
- 80 g (23/4 oz) manaferra të freskëta ose të thata
- 500 ml (16 ml oz.) vodka me cilësi të mirë

Drejtimet

a) Pritini hollë xhenxhefilin e freskët dhe rrënjën e echinaceas, hiqni gjethet e freskëta të trumzës nga kërcelli i tyre dhe grini hudhrat dhe djegësin (nëse i përdorni).

b) Shtrydhni butësisht manaferrat. Vendosni të gjithë përbërësit në një kavanoz të madh me një kapak të përshtatshëm. Mbulojeni me vodka, përzieni plotësisht dhe sigurohuni që të gjithë përbërësit të jenë zhytur plotësisht.

c) Mbyllni fort pjesën e sipërme dhe vendoseni kavanozin në një dollap të errët. Kontrollojeni çdo ditë, duke e tundur kavanozin disa herë. Pas 3 javësh, hapni kavanozin, kullojini përbërësit përmes një qese muslin, mblidhni lëngun në një shishe qelqi të sterilizuar, etiketoni me emrat e të gjithë përbërësve dhe datën.

71.   Tinkturë me luleradhiqe dhe rodhe

Bën 300–350 ml (10–12 ml oz.)

Përbërësit

- 20 g (3/4oz) rrënjë luleradhiqe
- 20 g (3/4oz) rrënjë rodhe
- 20 g (3/4oz) manaferra schisandra
- 10g (1/4oz) gjethe angjinare
- 20 g (3/4oz) gjembaç qumështi
- 10g (1/4oz) rrënjë gentiane
- 400 ml (14 ml oz.) vodka me cilësi të mirë

Drejtimet

a) Sigurohuni që të gjithë përbërësit e tharë të jenë grirë imët, por jo pluhur.

b) Vendosni të gjithë përbërësit përveç vodkës në një kavanoz të madh qelqi me një kapak të sigurt. Hidhni vodkën, mbyllni kapakun fort dhe tundeni disa herë.

c) Etiketoni kavanozin me të gjithë përbërësit dhe datën. Vendoseni kavanozin në një dollap të errët dhe tundeni të paktën një herë në ditë për 3 javë.

d) Kullojeni përmbajtjen e kavanozit përmes një qese muslin në një enë matëse dhe hidheni tinkturën në një shishe qelqi të sterilizuar me madhësi të përshtatshme (350–400 ml/12-14 ml oz.).

e) Mbyllni shishen.

f) Etiketoni me të gjithë përbërësit dhe datën origjinale të fillimit. Filloni duke marrë disa pika çdo ditë dhe shtoni deri në 1 lugë çaji 2-3 herë në ditë. Përdorni brenda 6 muajve.

72.		Tinkturë e barkut dhe valerianës

Bën 300–350 ml (10–12 ml oz.)

Përbërësit

- 25 g (1oz i pakët) ngërç
- 25 g (1 ons e pakët) rrënjë valeriane
- 20 g (3/4oz) lule pasioni
- 20 g (3/4oz) kamomil
- 400 ml (14 ml oz.) vodka me cilësi të mirë

Drejtimet

a) Sigurohuni që të gjithë përbërësit e tharë të jenë grirë imët, por jo pluhur.

b) Vendosni të gjithë përbërësit përveç vodkës në një kavanoz të madh qelqi me një kapak të sigurt. Hidhni vodkën, mbyllni kapakun fort dhe tundeni disa herë.

c) Etiketoni kavanozin me të gjithë përbërësit dhe datën. Vendoseni kavanozin në një dollap të errët dhe tundeni të paktën një herë në ditë për 3 javë.

d) Kullojeni përmbajtjen e kavanozit përmes një qese muslin në një enë matëse dhe hidheni tinkturën në një shishe qelqi të sterilizuar me madhësi të përshtatshme (350-400 ml/12-14 ml oz.). Mbyllni shishen.

e) Etiketoni me të gjithë përbërësit dhe datën origjinale të fillimit. Filloni duke marrë disa pika çdo ditë dhe shtoni deri në 1 lugë çaji 2-3 herë në ditë. Përdorni brenda 6 muajve.

73. Tinkturë e kohoshit të zi dhe sherebelës

Bën 300–350 ml (10–12 ml oz.)

Përbërësit

- 20 g (3/4oz) rrënjë e zezë kohosh
- 15 g (1/2 oz) kokrra të kuqe të dëlirë
- 10 g (1/4 oz) sherebelë
- 20 g (3/4oz) manaferra schisandra
- 15 g (1/2 oz) kërpudha mëmë
- 20 g (3/4oz) kafkë
- 400 ml (14 ml oz.) vodka me cilësi të mirë

Drejtimet

a) Sigurohuni që të gjithë përbërësit e tharë të jenë grirë imët, por jo pluhur.

b) Vendosni të gjithë përbërësit përveç vodkës në një kavanoz të madh qelqi me një kapak të sigurt. Hidhni vodkën, mbyllni kapakun fort dhe tundeni disa herë.

c) Etiketoni kavanozin me të gjithë përbërësit dhe datën. Vendoseni kavanozin në një dollap të errët dhe tundeni të paktën një herë në ditë për 3 javë.

d) Kullojeni përmbajtjen e kavanozit përmes një qese muslin në një enë matëse dhe hidheni tinkturën në një shishe qelqi të sterilizuar me madhësi të përshtatshme (350–400 ml/12–14 ml oz.). Mbyllni shishen.

e) Etiketoni me të gjithë përbërësit dhe datën origjinale të fillimit. Filloni duke marrë disa pika çdo ditë dhe shtoni deri në 1 lugë çaji 2-3 herë në ditë. Përdorni brenda 6 muajve.

74. Tinkturë e gjetheve të thuprës dhe rrënjës së hithrës

Bën 300–350 ml (10–12 ml oz.)

Përbërësit

- 25 g (1oz i pakët) rrënjë hithre
- 15 g (1/2 oz) gjethe thupër
- 25 g (1oz i pakët) pelitor i murit
- 15 g (1/2 oz) gjethe rrush pa fara
- 20 g (3/4oz) plepi i bardhë, ose lëvore plepi (Populus tremuloides)
- 400 ml (14 ml oz.) vodka me cilësi të mirë

Drejtimet

a) Sigurohuni që të gjithë përbërësit e tharë të jenë grirë imët, por jo pluhur.

b) Vendosni të gjithë përbërësit përveç vodkës në një kavanoz të madh qelqi me një kapak të sigurt. Hidhni vodkën, mbyllni kapakun fort dhe tundeni disa herë.

c) Etiketoni kavanozin me të gjithë përbërësit dhe datën. Vendoseni kavanozin në një dollap të errët dhe tundeni të paktën një herë në ditë për 3 javë.

d) Kullojeni përmbajtjen e kavanozit përmes një qese muslin në një enë matëse dhe hidheni tinkturën në një shishe qelqi të sterilizuar me madhësi të përshtatshme (350–400 ml/12–14 ml oz.). Mbyllni shishen.

e) Etiketoni me të gjithë përbërësit dhe datën origjinale të fillimit. Filloni duke marrë disa pika çdo ditë dhe shtoni deri në 1 lugë çaji 2-3 herë në ditë. Përdorni brenda 6 muajve.

USHQIMET BIMORE

75. Pulë bimore e thërrmuar

Rendimenti: 2 racione

Përbërës

- 2 gota Thërrima buke
- 1 lugë çaji Kripë
- 1 lugë çaji piper i sapo bluar
- 2 lugë gjelle Majdanoz i tharë
- 1 lugë çaji borzilok i tharë
- 1 lugë çaji trumzë e thatë
- 1 lugë çaji rigon të tharë
- 1 lugë çaji pluhur hudhër
- 1 portokalli; feta
- 4 gjysma të gjoksit të pulës me kocka dhe lëkurë
- 2 vezë; i rrahur OSE zëvendësues i vezës
- 2 lugë gjelle Gjalpë ose margarinë
- 2 lugë gjelle Vaj vegjetal
- 1 filxhan Llak i pulës ose verë e bardhë
- 1 degëz majdanoz të freskët

Udhëzime:

a) Vendosni thërrimet e bukës, kripën, piperin, majdanozin, borzilokin, trumzën, rigonin dhe pluhurin e hudhrës në një përpunues ushqimi dhe bluajini tërësisht. Zhytni gjokset e pulës në vezën e rrahur dhe më pas lyejini me thërrimet e bukës.

b) Në zjarr mesatar-të lartë, skuqni gjoksin e pulës nga të dyja anët në gjalpë dhe vaj. Uleni zjarrin, shtoni lëngun ose verën dhe mbulojeni. Ziejini për 20 deri në 30 minuta, në varësi të trashësisë së gjoksit.

c) Dekoroni me feta portokalli dhe majdanoz.

76. Krem pule me barishte

Rendimenti: 1 porcion

Përbërës

- 1 kanaçe Krem supë pule
- 1 kanaçe Lëng pule
- 1 kanaçe Qumësht
- 1 kanaçe me ujë
- 2 gota Mix për pjekje Bisquick
- $\frac{3}{4}$ filxhan qumësht

Udhëzime:

a) Zbrazni kanaçe me supë në një tigan të madh

b) Përzieni në kanaçe me ujë dhe qumësht. Përziejini së bashku derisa të jenë të qetë. Ngroheni në zjarr mesatar derisa të vlojë

c) Përziejini së bashku Bisquick dhe qumështin. Brumi duhet të jetë i trashë dhe ngjitës. Hidheni brumin me lugë çaji në supë të valë.

d) Gatuani petat për rreth. 8 deri në 10 minuta. i zbuluar

77. Gjel deti me glazurë me kajsi Dijon

Rendimenti: 6 racione

Përbërës

- 6 kubikë bulione pule
- 1½ filxhan oriz i bardhë i papjekur me kokërr të gjatë
- ½ filxhan bajame të grira
- ½ filxhan Kajsi të thata të copëtuara
- 4 qepë të njoma me majë; feta
- ¼ filxhan majdanoz të freskët të grirë
- 1 lugë gjelle lëvore portokalli
- 1 lugë çaji Rozmarinë e tharë; i grimcuar
- 1 lugë çaji Gjethet e thata të trumzës
- 1 gjysma e gjoksit të gjelit pa kocka - rreth 2 1/2 paund
- 1 filxhan Reçel kajsie ose marmelatë portokalli
- 2 lugë mustardë Dijon

Udhëzime:

a) Për pilafin me barishte, lëreni ujin të vlojë. Shtoni bojën. Hiqeni nga zjarri në një tas. Shtoni të gjithë përbërësit e mbetur të pilafit përveç gjelit të detit; përzieni mirë. Vendosni gjelin sipër përzierjes së orizit.

b) Mbulojeni dhe piqni për 45 minuta

c) Hiqeni gjelin nga furra; hiqni me kujdes Baker me Doreza furre.

d) E trazojmë pilafin pak para se ta servirim, e shërbejmë me gjelin e detit dhe salcën.

78.   Pulë dhe oriz me salcë barishtore

Rendimenti: 4 racione

Përbërës

- ¾ filxhan ujë të nxehtë
- ¼ filxhan verë të bardhë
- 1 lugë çaji kokrriza bujoni me aromë pule
- 4 (4 oz.) gjysma të gjoksit të pulës me lëkurë dhe me kocka
- ½ lugë çaji niseshte misri
- 1 lugë gjelle ujë
- 1 pako djathë i stilit Neufchatel me barishte dhe erëza
- 2 gota oriz të zier me kokërr të gjatë

Udhëzime:

a) Sillni ujin e nxehtë, verën dhe kokrrat e bujonit të ziejnë në një tigan të madh mbi nxehtësinë mesatare-të lartë. Ulni nxehtësinë dhe shtoni pulën, ziejini për 15 minuta; duke u kthyer pas 8 minutash. Hiqeni pulën kur të keni përfunduar, mbajeni të ngrohtë. Sillni lëngun e gatimit të vlojë, zvogëloni në ⅔ filxhan.

b) Kombinoni niseshte misri dhe ujin dhe shtoni në lëng. Lëreni të ziejë dhe gatuajeni për 1 minutë, duke e përzier vazhdimisht. Shtoni kremin e djathit dhe gatuajeni derisa të përzihet mirë, duke e përzier vazhdimisht me një kamxhik teli. Për të shërbyer:

c) Sipër orizin me pulë, salcën me lugë sipër pulës

79. Pulë në krem dhe barishte

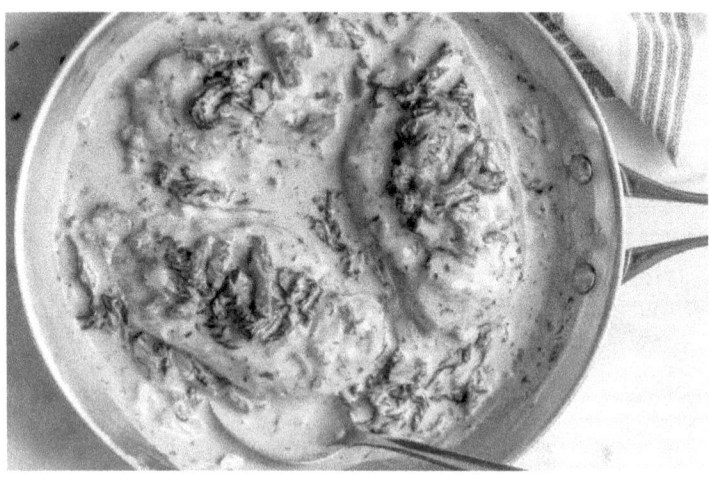

Rendimenti: 6 racione

Përbërës

- 6 Kofshët e pulës, me lëkurë dhe me kocka
- Miell për përdorim të gjithanshëm i kalitur me kripë dhe piper
- 3 lugë Gjalpë
- 3 lugë vaj ulliri
- ½ filxhan verë e bardhë e thatë
- 1 lugë gjelle lëng limoni
- ½ filxhan krem rrahjeje
- ½ lugë çaji trumzë e thatë
- 2 lugë majdanoz i freskët i grirë
- 1 limon, i prerë në feta (garniturë)
- 1 lugë gjelle kaperi, të shpëlarë dhe të kulluar (garniturë)

Udhëzime:

a) Në një tigan të madh, ngrohni 1½ lugë gjelle gjalpë dhe vaj. Shtoni copa pule siç do të përshtaten pa u grumbulluar. Gatuaj

b) Shtoni verën dhe lëngun e limonit në tigan dhe ziejini në zjarr mesatarisht të lartë, duke e trazuar për t'u përzier në grimca të skuqura. Ziejeni, duke reduktuar në rreth gjysmë

c) Shtoni kremin për rrahje, trumzën dhe majdanozin; ziejmë derisa salca të trashet pak. Hidhni çdo lëng mishi nga pjata e ngrohjes në salcë.

d) Rregulloni salcën për erëza sipas shijes. Hidhni sipër mishit dhe zbukurojeni me majdanoz, feta limoni dhe kaperi

80. Madira pule në biskota

Rendimenti: 6 racione

Përbërës

- 1½ kilogram gjoks pule
- 1 lugë gjelle vaj gatimi
- 2 thelpinj hudhre, te grira
- 4½ filxhanë Kërpudha të freskëta të copëtuara në çerek
- ½ filxhan qepë të grirë
- 1 filxhan salcë kosi
- 2 lugë miell për të gjitha përdorimet
- 1 filxhan qumësht i skremuar
- ½ filxhan lëng pule
- 2 lugë Madeira ose sheri të thatë

Udhëzime:

a) Gatuani pulën në vaj të nxehtë mbi nxehtësinë mesatare në të lartë për 4-5 minuta ose derisa të mos jetë më rozë. Shtoni hudhrën, kërpudhat dhe qepën në tigan. Gatuani, pa mbuluar, për 4-5 minuta ose derisa lëngu të avullojë.

b) Në një tas përziejmë kosin, miellin, ½ lugë çaji kripë dhe ¼ lugë çaji piper. Shtoni përzierjen e kosit, qumështin dhe lëngun e mishit në tigan. Shtoni pulën dhe Madeira ose sheri; ngrohje përmes.

c) Shërbejeni mbi biskota me barishte.

81. Supë pule me barishte

Rendimenti: 7 racione

Përbërës

- 1 filxhan fasule kanelini të thata
- 1 lugë çaji Vaj ulliri
- 2 Presh, të prera -- të lara
- 2 karota -- të qëruara dhe të prera në kubikë
- 10 mililitra hudhër -- të prera imët
- 6 domate kumbulla
- 6 patate të reja
- 8 filxhanë lëng pule të bërë në shtëpi
- $\frac{3}{4}$ filxhan verë e bardhë e thatë
- 1 degë trumzë e freskët
- 1 degë rozmarinë e freskët
- 1 gjethe dafine

Udhëzime:

a) Lani fasulet dhe mblidhni, mbulojini me ujë dhe lërini mënjanë të zhyten për 8 orë ose gjatë natës. Në një tenxhere të madhe, ngrohni vajin mbi nxehtësinë mesatare-të ulët. Shtoni preshin, karotat dhe hudhrat; gatuaj derisa të zbutet, rreth 5 minuta. Përzieni domatet dhe gatuajeni për 5 minuta. Shtoni patatet dhe gatuajeni për 5 minuta.

b) Shtoni lëngun e pulës, verën dhe barishtet; lëreni të ziejë. Kulloni fasulet dhe shtoni në tenxhere; gatuaj 2 orë, ose derisa fasulet të jenë të buta.

c) Hiqni gjethet e dafinës dhe degëzat e barit përpara se ta shërbeni.

82. Pulë me verë dhe barishte

Rendimenti: 4 racione

Përbërës

- Pulë e skuqur
- ½ lugë çaji rigon
- ½ lugë çaji borzilok
- 1 filxhan verë të bardhë të thatë
- ½ lugë çaji kripë hudhër
- ½ lugë çaji kripë
- ¼ lugë çaji Piper

Udhëzime:

a) Lani pulën dhe prisni. Në një sasi të vogël vaji, skuqni copat e pulës nga të gjitha anët. Hidhni vajin e tepërt.

b) Shtoni verën dhe erëzat dhe ziejini për 30 deri në 40 minuta ose derisa pula të zbutet.

83. Ravioli bimor

Përbërës

- 2 fletë makarona të freskëta 8.5x11".
- 1¼ filxhan Djathë Ricotta; pa yndyrë
- ¾ filxhan Thërrima buke italiane
- ¼ filxhan Boriloku i freskët dhe ¼ filxhan Majdanoz i freskët; i copëtuar
- ⅛ lugë çaji rigon o dhe ⅛ arrëmyshk
- Kripë dhe piper të zi
- Baza e domates së zier
- 2 te medha Domate; e pjekur
- 2 thelpinj hudhër; të prera hollë
- 6 gjethe borziloku të freskët

Udhëzime:

a) Në një tas të madh përzierjeje, bashkoni rikotën, thërrimet e bukës, borzilokun, majdanozin, rigonin, arrëmyshkun, kripën dhe piperin e zi.

b) Shtroni fletët e makaronave të sheshta në sipërfaqen e punës dhe hidhni katër pjesë të barabarta (rreth ¼ filxhani) të përzierjes së rikotës në 4 kuadratet vetëm në gjysmën e majtë të secilës fletë makaronash. Palosni gjysmën e djathtë të fletës së makaronave mbi gjysmën tjetër. Shtypni poshtë çdo grumbull djathi për t'u mbyllur.

c) Sillni ujin të vlojë në një tenxhere të madhe. Hidhni raviolin në ujë dhe ziejini për 3-5 minuta . Lani, therni, qëroni dhe copëtoni domatet. Lini mënjanë. Kaurdisni shkurtimisht hudhrën, shtoni domatet, borzilokun, ujin dhe kripën

d) Mbulojeni dhe gatuajeni për 5 minuta . Hidhni me lugë përzierjen e domates në 4 pjata për servirje dhe sipër çdo pjate me dy ravioli.

84.   Linguine me barishte të përziera

Rendimenti: 1 porcion

Përbërës

- 4 karota mesatare
- 3 kungulleshka te mesme
- 1 kile linguine të thatë
- 1 filxhan gjethe të freskëta të majdanozit me gjethe të sheshta të paketuara
- ½ filxhan gjethe borziloku të freskët të paketuar
- 1 lugë gjelle gjethe trumze të freskëta
- 1 lugë gjelle gjethe rozmarine të freskëta
- 1 lugë gjelle gjethe të freskëta tarragon
- ½ filxhan parmezan i sapo grirë
- ⅓ filxhan vaj ulliri
- ¼ filxhan arra; i thekur i artë
- 1 luge uthull balsamike

Udhëzime:

a) Në një kazan 6 litra, vendosni 5 litra ujë të kripur të ziejnë. Shtoni linguine dhe gatuajeni për 8 minuta, ose derisa të zbuten mezi. Shtoni karotat dhe ziejini për 1 minutë. Shtoni kungull i njomë dhe ziejini për 1 minutë. Rezervoni ⅔ filxhan ujë për gatim dhe kullojini makaronat dhe perimet.

b) Në një tas të madh përziejmë së bashku peston dhe ujin e nxehtë të gatimit të rezervuar. Shtoni makaronat dhe perimet dhe i përzieni mirë.

c) Në një procesor ushqimi përzieni të gjithë përbërësit me kripë dhe piper për shije derisa të jenë të lëmuara.

85. Farfalle me salcë barishte

Rendimenti: 1 porcion

Përbërës

- 2 thelpinj hudhër -- të grira
- 1 paund. farfalle -- i gatuar
- 2 c degë nenexhik të freskët
- ¾ vaj ulliri ekstra i virgjër
- ½ c lëng perimesh
- 1½ lugë çaji kripë
- ½ lugë çaji piper i freskët
- 1 lugë gjelle lëng limoni
- ½ c arra, të thekura, të grira
- ½ c djathë parmixhano

Udhëzime:

a) Në një blender, ose përpunues ushqimi, shtoni barishtet dhe hudhrat, dhe ndërsa makina është në punë, spërkatni me ½ vaj ulliri, lëngun e perimeve dhe më pas pjesën tjetër të vajit. Shtoni kripë, piper dhe limon, përzieni dhe shijoni dhe rregulloni erëzat.

b) Hidhni me makaronat e gatuara sa janë ende të ngrohta, shtoni arra dhe djathë. Dekoroni me degëza të freskëta barishtore.

86.   Petë me vezë me hudhër

Rendimenti: 4 racione

Përbërës

- ½ kile petë me vezë
- 4 thelpinj hudhre te medha
- 1½ filxhan barishte të përziera
- 2 lugë vaj ulliri ekstra i virgjër
- Kripë dhe piper

Udhëzime:

a) Gatuani makaronat në një tenxhere të madhe me ujë të vluar dhe të kripur derisa të zbuten, por ende të forta, 7-9 minuta . Kullojini mirë.

b) Ndërkohë, grijmë hudhrat, grijmë barishtet; do të keni rreth 1 filxhan.

c) Bashkoni vajin e ullirit dhe hudhrën në një tigan të madh. Gatuani në zjarr mesatar, duke e përzier herë pas here, derisa hudhra të jetë aromatike, por jo të skuqet, për 2-3 minuta . Hiqeni nga zjarri dhe përzieni barishtet e grira.

d) Shtoni petët e gatuara në tigan dhe hidhini. I rregullojmë me kripë dhe piper sipas shijes dhe i hedhim mirë

87.　　　Cappellini me spinaq barishte

Rendimenti: 6 racione

Përbërës

- 8 ons makarona flokësh engjëlli (kapelini)
- 10 ons spinaq të ngrirë
- 1 kile spinaq i freskët
- 1 lugë gjelle ulliri i virgjër
- 1 qepë; i copëtuar
- 2 lugë majdanoz të freskët
- ½ lugë çaji gjethe boriloku të thata
- ½ lugë çaji rigon me gjethe të thata
- ½ lugë çaji arrëmyshk i bluar
- Kripë dhe piper për shije
- 2 lugë djathë parmixhano të grirë;

Udhëzime:

a) Sillni një kazan të madh me ujë të ziejë dhe gatuajini makaronat derisa të jenë al dente, 3 minuta. Kullojeni në një kullesë; lënë mënjanë. Ndërkohë vendosim spinaqin e ngrirë në një enë me avull mbi ujë të vluar derisa të vyshket pak.

b) Në një tigan që nuk ngjit, ngrohni vajin dhe kaurdisni qepën derisa të zbutet. Vendosni spinaqin, qepën, majdanozin, borzilokun, rigonin, arrëmyshkun, kripën dhe piperin në një blender të një përpunuesi ushqimi të pajisur me një teh metalik dhe përpunojeni për të bërë pure . Vendosni makaronat në një tas për servirje, lyejini me salcë dhe spërkatini me djathë parmixhano

88. Oriz bimor malajzian

Përbërës

- 400 gram Salmon i freskët
- 2 lugë gjelle salcë soje dhe 2 lugë gjelle Mirin
- 6 gota Oriz jasemini i gatuar
- Gjethet e gëlqeres së kafirit
- ½ filxhan I thekur; Kokosi i grirë
- Shafran i Indisë/ galangal; të qëruara
- 3 lugë gjelle Salcë peshku

Veshja

- 2 djegës të vegjël të kuq; me farë dhe të grirë
- ½ filxhan Borziloku tajlandez
- ½ filxhan Nenexhik vietnameze
- 1 avokado e pjekur; të qëruara
- 1 djegës i kuq; i grirë
- 2 thelpinj hudhër; i grirë
- ⅓ filxhan Lëng gëlqereje

Udhëzime:

a) Përzieni sojën dhe mirinin dhe derdhni sipër peshkut dhe marinojini për 30 minuta. Ngrohni një tigan ose skarë, më pas gatuajeni peshkun derisa të marrë ngjyrë të artë.

b) Zhulieni gjethet e shafranit të Indisë , galangalit, specit djegës dhe kafirit dhe përzieni me orizin e gatuar. Shtoni kokosin e thekur, borzilokun dhe nenexhikun dhe përziejini me salcën e peshkut. Lini mënjanë.

c) Bëjini pure të gjithë përbërësit e salcës , më pas paloseni salcën nëpër oriz derisa orizi të marrë ngjyrën e gjelbër të zbehtë. Peshkun e gatuar e qitni me flakë dhe e shtoni te orizi .

89.   Flokë engjëlli me salmon të tymosur

Rendimenti: 4 racione

Përbërës

- 8 ons makarona flokësh Angel; i papjekur
- 6 ons salmon i tymosur; të prera hollë
- 3 lugë vaj ulliri
- 1 hudhër e madhe; i grirë imët
- 2¼ gota Të copëtuara; domate me fara
- ½ filxhan Verë e bardhë e thatë
- 3 lugë kaperi të madhe të kulluar
- 1½ lugë çaji Ishujt erëzash të koprës
- 1½ lugë çaji borzilok i ëmbël i Spice Islands
- ½ filxhan djathë parmixhano; i sapo grirë
- 2 gota domate, verë

Udhëzime:

a) Përgatitni makaronat sipas udhëzimeve të paketimit.

b) Ndërkohë, preni salmonin, përgjatë kokrrave, në shirita të gjerë ½ inç; lënë mënjanë.

c) Në një tigan të madh, ngrohni vajin në nxehtësi mesatare-të lartë derisa të nxehet; gatuajeni dhe përzieni hudhrën derisa të marrë ngjyrë të artë.

d) Përziejini kaperi, koprën dhe borzilokun; gatuajeni derisa masa të jetë e nxehtë, duke e përzier herë pas here.

e) Në një tas të madh, kombinoni makaronat dhe përzierjen e domates; hidhni për të kombinuar.

f) Shtoni salmonin dhe djathin; hedh lehtë. Nëse dëshironi, zbukurojeni me domatet e mbetura dhe majdanozin.

90. Merluci me barishte

Rendimenti: 4 racione

Përbërës

- 3 gota ujë
- ½ filxhan selino të prerë në feta
- 1 pako lëng pule i menjëhershëm
- ½ limon
- 2 lugë gjelle thekon qepë të dehidratuar
- 1 lugë çaji majdanoz i freskët, i grirë
- ½ çdo gjethe dafine
- ⅛ lugë çaji Karafil i bluar
- ⅛ lugë çaji trumzë
- 4 secili biftekë merluci me kocka dhe lëkurë
- 2 mediume Domate, të prera në gjysmë
- 2 mediume Specat jeshil, me fara dhe të prera në gjysmë

Udhëzime:

a) Në një tigan 12 inç, kombinoni ujin, selinon, përzierjen e lëngut, limonin, thekon qepë, majdanozin, gjethen e dafinës, karafilin dhe trumzën. Lëreni të vlojë dhe më pas zvogëloni nxehtësinë në zjarr të ngadaltë. Shtoni peshkun dhe skuqeni për 5 deri në 7 minuta. Shtoni gjysmat e domates dhe piperit jeshil dhe përfundoni gatimin derisa peshku të rrëshqet lehtë. Hiqni peshkun dhe perimet, mbajini të ngrohta.

b) Gatuani lëngun derisa të zvogëlohet përgjysmë. Hiqni limonin dhe gjethen e dafinës. Vendosni lëngun dhe gjysmën e domateve dhe specave të ziera në një enë blender. Pure deri sa të jetë e qetë

c) Hidhni sipër peshkun dhe domatet dhe specat e mbetur.

91. Salmon i zier në të ftohtë

Rendimenti: 1 porcion

Përbërës

- 6 Pa lëkurë; (6 ons) fileto salmoni
- Kripë dhe piper të bardhë
- 3 gota lëng peshku ose molusqe
- 1 tufë rigon
- 1 tufë Borziloku
- 1 tufë majdanoz
- 1 tufë trumzë
- 6 domate; të qëruara, të prera me fara dhe të prera në kubikë
- ½ filxhan vaj ulliri ekstra të virgjër
- 1½ lugë çaji kripë
- ½ lugë çaji piper i zi i sapo bluar

Udhëzime:

a) I rregullojmë salmonin në të gjithë me kripë dhe piper

b) Sillni lëngun ose lëngun të ziejë në një tigan të madh rezistent ndaj furrës. Shtoni peshqit, në mënyrë që ata mezi të preken, dhe kthejeni lëngun të ziejë. Transferoni në furrë dhe piqni për 5 minuta duke e kthyer peshkun

c) Për të bërë salcë, hiqni kërcellet dhe copëtoni imët të gjitha barishtet. Përziejini të gjithë përbërësit në një tas të vogël dhe ruajini në frigorifer.

92. Fileto barishte të koprës

Rendimenti: 4 racione

Përbërës

- Fileto prej 2 kilogramësh grilë të kuqe
- ¾ lugë çaji kripë
- ½ lugë çaji piper i bluar
- ½ filxhan vaj ulliri
- 1½ lugë majdanoz i grirë
- 1 lugë qepe e grirë, erëz
- 1 x gjahtar në ngrirje të tharë ose të freskët
- 1 majë rigon
- ¼ filxhan lëng limoni të saposhtrydhur

Udhëzime:

a) Rendisim peshkun në një enë pjekjeje të lyer me vaj dhe të cekët. Spërkateni me vaj, majdanoz, qepe, barërat e këqija të koprës dhe rigon. Piqni në një furrë të parangrohur në 350 gradë F derisa mishi mezi të ndahet kur testohet me pirun - 15 deri në 20 minuta. Lyejeni dy herë me lëng tepsi gjatë pjekjes. Hiqeni peshkun në një pjatë për servirje.

b) Përzieni lëngun e limonit në pikimet e tiganit, më pas hidheni mbi peshk.

93.   Peshk dhe barishte të pjekura krokante

Rendimenti: 4 racione

Përbërës

- 4 fileta secila peshk të bardhë
- 1 lugë gjelle ujë
- $\frac{1}{8}$ lugë çaji piper limoni
- 1 lugë çaji Margarinë me pak yndyrë, e shkrirë
- 1 cdo e bardhe veze
- $\frac{1}{2}$ filxhan thërrime Cornflake
- 2 lugë çaji majdanoz i freskët i grirë

Udhëzime:

a) Ngrohni furrën 400F. Spërkateni lehtë një tavë të cekët me madhësi mesatare me llak perimesh. Shpëlajeni peshkun dhe thajeni.

b) Në një tas të vogël rrihni të bardhën e vezës me pak ujë. Lyejeni peshkun në të bardhën e vezës, më pas rrotullojeni në thërrime. Rregulloni peshkun në tavë pjekjeje. Spërkateni me piper limoni dhe majdanoz, më pas hidhni margarinë mbi të gjitha.

c) E pjekim pa mbuluar për 20 minuta ose derisa peshku të skuqet lehtë

94. Fettuccine me karkaleca

Rendimenti: 2 racione

Përbërës

- 1 paketë përzierje e supës me barishte kremoze Lipton
- 8 ons karkaleca
- 6 ons Fettuccini, i gatuar
- 1¾ filxhan qumësht
- ½ filxhan bizele
- ¼ filxhan parmixhan, i grirë në rende

Udhëzime:

a) Përzieni përzierjen e supës me qumështin dhe lëreni të vlojë. Shtoni karkalecat dhe bizelet dhe ziejini për 3 minuta derisa karkalecat të jenë të buta.

b) Hidhni petë të nxehtë dhe djathë.

95. Midhje me hudhër

Rendimenti: 1 porcion

Përbërës

- 1 kilogram Midhje të freskëta të gjalla
- 2 qepe ose 1 qepë e vogël
- 200 mililitra Verë e bardhë e thatë
- 1 gjethe dafine
- 1 degë majdanoz
- 125 gram gjalpë
- 1 lugë majdanoz i grirë; deri në 2
- 2 thelpinj hudhër; i grimcuar
- Piper i zi i sapo bluar
- 2 lugë bukë të freskët të bardhë për të përfunduar
- 250 gram Kripë deti për prezantim

Udhëzime:

a) Prisni qepën dhe vendoseni në një tigan me madhësi të mirë me verën, gjethen e dafinës, trumzën dhe majdanozin dhe më pas i vendosni në pikën e zierjes. Shtoni midhjet, duke kontrolluar që të jenë të mbyllura dhe hidhni të gjitha të hapura.

b) Mbulojeni tiganin dhe ziejini për 5 ose 6 minuta ose derisa midhjet të jenë hapur.

c) Rrihni gjalpin dhe përzieni mirë majdanozin dhe hudhrën me pak piper të zi. Vendosni 1/2 lugë çaji në secilën midhje, shtoni një spërkatje të lehtë me thërrime buke dhe vendoseni nën një skarë të nxehtë për 2-3 minuta.

Shërbejini midhjet të nxehta në një shtrat me kripë deti.

96.   Peshku Karaibe me verë

Rendimenti: 1 porcion

Përbërës

- 1 filxhan oriz ose kuskus -- i gatuar
- 4 fletë letër pergamene, fletë metalike
- 2 kungulleshka te vogla
- 1 Kili poblano
- Pasillo -- në shirita të hollë
- 1 kilogram peshk i bardhë i fortë pa kocka
- 4 mediume Domate
- 10 ullinj të zinj
- 1 lugë çaji Çdo borzilok i freskët i copëtuar
- Trumzë -- tarragon
- Majdanoz dhe qepë jeshile
- 1 vezë

Udhëzime:

a) Vendoseni në një tepsi dhe gatuajeni për 12 minuta ose derisa peshku të jetë gati! Në mes vendosim ½ filxhan me oriz të zier .

b) Mbi çdo shërbim me ½ filxhan shirita kungull i njomë, një copë peshk, ¼ filxhan domate të prera në kubikë dhe 3 shirita të hollë të Kilit .

c) Spërkatni një të katërtën e ullinjve të copëtuar në çdo servim dhe sipër me $\frac{1}{4}$ të secilës prej barishteve të freskëta.

d) Kombinoni të gjithë salcën Përbërësit dhe pureja . Hidheni në një tenxhere të vogël dhe vendoseni të vlojë mbi nxehtësinë mesatare. tendosje

97.	Peshk murg me barishte hudhër

Rendimenti: 4 racione

Përbërës

- 700 gram Bishta murgu me fileto
- 85 gram Gjalpë
- 2 thelpinj hudhër -- të shtypura
- Vezë (të rrahur)
- Lëngu i një limoni
- 1 lugë çaji barishte të grira hollë
- Miell me erëza

Udhëzime:

a) Zbutni gjalpin dhe shtoni barishtet dhe hudhrat. Qetë. -- Bëni një të çarë në çdo fileto peshku murg dhe paketoni me gjalpë barishte të ftohur. Paloseni për të mbyllur gjalpin. Hidheni secilën pjesë në miell të stazhonuar, zhytni në vezë të rrahur dhe rrokullisni në thërrime buke. Shtypni thërrimet fort mbi peshk.

b) Vendoseni peshkun në një enë të lyer me gjalpë. Hidhni pak gjalpë ose vaj të shkrirë, dhe lëng limoni, sipër. Gatuani për 30-35 minuta në 375F/190C.

c) Shërbejeni menjëherë.

98. Kotoleta derri me barishte

Rendimenti: 4 racione

Përbërës

- 1 vezë
- ⅓ filxhan Thërrime buke të thata
- ¼ filxhan Borzilok i freskët, i copëtuar
- 2 lugë rigon të freskët, të grirë
- 1 lugë gjelle parmezan, i sapo grirë
- 1 lugë çaji trumzë e freskët, e copëtuar
- ½ lugë çaji Piper
- ¼ lugë çaji kripë
- 1 kile koteleta derri të skuqura shpejt
- 2 lugë vaj vegjetal

Udhëzime:

a) Në një enë të cekët, rrihni lehtë vezët. Në një enë të veçantë të cekët, përzieni së bashku thërrimet e bukës, borzilokun, rigonin, parmixhanin, trumzën, piperin dhe kripën. Lyejeni mishin e derrit në vezë që të lyhet mirë; shtypeni në përzierjen e thërrimeve të bukës, duke e kthyer të gjithë në shtresë.

b) Në një tigan të madh, ngrohni gjysmën e vajit. mbi nxehtësinë mesatare; gatuajeni mishin e derrit, në tufa dhe shtoni vajin e mbetur nëse është e nevojshme, duke e rrotulluar një herë, për 8-10 minuta ose derisa të mbetet vetëm një nuancë rozë brenda. Shërbejeni me patate të reja të kuqe dhe fasule të verdha.

99.   Suxhuk bimor i manastirit

Rendimenti: 1 porcion

Përbërës

- 400 gram mish derri pa dhjamë
- 400 gram viçi pa dhjamë
- 200 gram yndyrë ose të yndyrshme të shpinës së derrit jeshil
- Barku i derrit pa lëkurë
- 20 gram kripë
- 2 lugë çaji piper të bardhë të bluar imët
- 1 lugë çaji trumzë
- 1 lugë çaji borzilok
- 5 copë pimento
- 1 copë e bluar imët
- kanellë

Udhëzime:

a) Grini mishin e derrit, viçin dhe yndyrën përmes një disku 8 mm. Përzieni barishtet dhe erëzat dhe spërkatni mbi masën e mishit dhe përziejini të gjitha së bashku me dorë për 5-10 minuta.

b) Vendosni hinkën në mikser dhe mbushni zorrët e derrit. Kthejeni në gjatësinë e zgjedhur.

100.   Fileto qengji me barishte

Rendimenti: 4 racione

Përbërës

- 450 gram Fileto e qafës së qengjit
- 1 lugë çaji Trumzë e thatë
- 1 lugë çaji Rozmarinë e tharë
- 2 thelpinj hudhre, te prera holle
- 2 lugë vaj ulliri
- Kripë dhe piper i zi i sapo bluar

Udhëzime:

a) Pritini secilën pjesë të qengjit në gjysmë në mënyrë tërthore, më pas prisni për së gjati, jo deri në fund, dhe hapeni si një libër. Për të gatuar në mënyrë të sigurtë në një Barbecue, secila pjesë nuk duhet të jetë më e trashë se 2 cm/¾ inç. Nëse është më e trashë, rrihni lehtë me një okllai midis 2 copave të filmit ngjitës

b) Kombinoni të gjithë përbërësit e mbetur në një tas dhe shtoni mishin e qengjit. Përziejini mirë, më pas mbulojeni dhe lëreni në frigorifer deri në 48 orë duke e kthyer herë pas here.

c) Vendoseni mishin në rrjetën e skarës dhe gatuajeni për 4-5 minuta nga secila anë.

d) Sigurohuni që të jetë gatuar plotësisht. Lyejeni lehtë me marinadë gjatë gatimit.

PËRFUNDIM

Kuzhinierët dhe kuzhinierët e shtëpisë përdorin njësoj barishte të freskëta dhe të thata për të bërë gatime të ëmbla dhe të shijshme, duke filluar nga salcat e pasura deri te sallatat e lehta dhe produktet e pjekura me barishte. Përveç përdorimit të tyre në kuzhinë, barërat medicinale dhe vajrat e tyre esencialë të vlefshëm janë mbështetur për përfitimet e tyre shëndetësore që nga Mesjeta, duke filluar nga përfitimet anti-inflamatore dhe antivirale deri te fuqitë aktuale për pastrimin e lëkurës.

Bëhuni një kuzhinier më i mirë bimor në shtëpi me pjatat e theksuara në këtë libër.